中国博士后科学基金面上资助项目成果（项目号：2015M582318）

供应链信息披露成熟度差异研究

——基于可持续发展视角

刘璠 著

武汉大学出版社

图书在版编目(CIP)数据

供应链信息披露成熟度差异研究:基于可持续发展视角/刘璠著. —武汉:武汉大学出版社,2015.12

ISBN 978-7-307-17326-2

Ⅰ.供… Ⅱ.刘… Ⅲ.供应链管理—研究 Ⅳ.F252

中国版本图书馆 CIP 数据核字(2015)第 293274 号

责任编辑:李 程 责任校对:李孟潇 版式设计:马 佳

出版发行:**武汉大学出版社** (430072 武昌 珞珈山)
(电子邮件:cbs22@ whu. edu. cn 网址:www. wdp. com. cn)
印刷:武汉中远印务有限公司
开本:720×1000 1/16 印张:7.75 字数:129 千字 插页:2
版次:2015 年 12 月第 1 版 2015 年 12 月第 1 次印刷
ISBN 978-7-307-17326-2 定价:28.00 元

目　　录

第一章 绪 论

第一节 研究背景

21 世纪的竞争重点已不再局限于个体企业之间竞争，而是转化为供应链之间的竞争，竞争程度的加剧，要求供应链整体发展水平向更高层次的要求和目标迈进。传统的供应链含义可以理解为以核心企业为中心，链接了最初的采购原始材料，到加工制造中间产品和完成最终预计的产成品，以及最后通过多种销售网络把所需要的产品送达顾客手中的整个网络链条。在这个链条中整体控制了信息的流动、产品或服务的流动和资金流向，并且同时将供应链中的所有参与者连接成为一个整体，其中供应链参与者包括生产供应商、制造商、产品分销商、零售商，以及最终用户。

但随着全球气候变暖，生物多样性减少、土地沙漠化、水土流失等问题不断出现，人们越来越多地关注到环境的变化对人们生活品质带来的影响。政府组织、非政府组织以及社会公众等纷纷号召企业对我们赖以生存的环境以及整个社会负责，实行可持续发展。可持续发展包括发展和持续两个方面的内容，其中发展是前提，持续是发展的关键。发展是指人类社会物质财富的增长和社会的全面进步；持续是指自然界中自然资源和环境承载能力的有限性和经济发展中结合考虑当下和后代人的利益，即社会的可持续性。因此，企业的可持续发展需要努力实现经济、环境、社会三位一体的最优，达到整体的可持续发展。

随着可持续发展思想的普及和深入，传统的供应链思想已不能适应新的要求，这就迫使企业寻找一种新的供应链模式，即可持续供应链。这是一种强调经济、环境、社会三位一体结合，以经济发展为前提、绿色环保理念为基础、社会责任为要求，使产品或服务在采购、加工、包装、运输、仓储、消费以及终极产品处理的整个环节中，实现经济、环境、社会的可持续发展的供应链模式。

在这种模式下，消费者对产品可持续性的需求越来越强，也更加关注企业的社会责任承担情况，而与此同时，环境和社会方面的法律法规越来越规范，这些都为企业带来了压力与挑战。但是与此同时，供应链的可持续发展对整个供应链上的企业而言又是一个创造新的竞争优势的机会。企业为了迎接新挑战和抓住新的机会纷纷作出努力，比如海尔集团和中国一汽集团。二者纷纷从 2010 年开始进行企业社会责任信息披露，将可持续发展的理念融入到企业社会责任报告的供应链管理中，通过企业社会责任报告的形式传递给利益相关者。其中，海尔集团在报告中披露了企业的供应商、客户、物流平台、物流布局等供应链相关信息，旨在为各利益相关者提供一个较为透明的可持续供应链信息，打造良好的企业形象。而中国一汽集团坚持绿色制造原则，在研发、采购、生产、销售等环节坚持环保理念，构建绿色生产长效机制，努力创建资源节约型和环境友好型的汽车制造工业发展模式。

根据 2014 年国家统计局向社会公布的中国制造业 500 强中，海尔集团公司和中国一汽集团公司均排名前十，并且这两个企业已连续多年排名靠前。由此可知，海尔集团和中国一汽集团通过企业社会责任报告的形式对可持续供应链信息进行披露具有一定的模范作用，而中国对企业发布社会责任报告并未进行强制性要求，企业自身也并没有对可持续供应链信息进行充分地披露。那么对于企业而言，如何衡量可持续供应链信息披露的成熟度呢？可持续供应链信息披露的成熟度与企业社会责任绩效有何关联？对于政府而言又应该如何进行约束呢？

本书将从可持续发展的视角出发，基于企业社会责任理论、利益相关者理论、三重底线理论和信息不对称理论研究供应链信息披露的成熟度，并利用企业社会责任绩效进行供应链信息披露成熟度实证分析，旨在为企业的可持续供应链发展提供一个参考的途径。

第二节 研究意义

一、选题的理论意义

（一）开辟了研究供应链的新视角

关于供应链的研究，学者们从不同的角度对闭环供应链、生态供应链、绿色供应链等进行了研究。而本书从可持续发展的视角，将可持续发展理念应用到供应链研究，依托于企业社会责任报告，采用综合的方法，以研究企业可持续供应链信息披露成熟度的基本情况，并分析可持续供应链信息披露成熟度与企业社会责任绩效之间的关系，为企业供应链的可持续发展找到了新的参考路径和理想方式。

（二）完善供应链研究的理论体系

将可持续发展的观念融入到供应链的研究中，对可持续发展视角下的供应链基础概念进行理论创新，初步建立了可持续供应链的概念。窥探了企业可持续供应链的信息披露情况，并将与可持续供应链信息披露的相关理论统一起来，为建设完整的可持续供应链研究体系作出贡献。在吸收和借鉴国内外研究方法和理论成果的基础上，结合中国企业可持续供应链信息披露的实际情况，建立了符合中国国情的系统、规范的衡量可持续供应链信息披露成熟度的理论体系和研究框架。

（三）拓展供应链研究的方向

选择企业社会责任报告作为依据，提供了一个新的供应链研究方向。企业社会责任报告是向利益相关者告知企业各方面信息综合起来而形成的一个书面表达，这些信息包括企业的理念、战略、方式方法，在企业经营过程中企业对经济、环境、社会等方向产生的各种影响、取得的进步等。本书以企业社会责任报告为研究载体，选择了企业社会责任理论、利益相关者理论、三重底线理论和信息不对称理论作为支撑，拓展了供应链研究的方向。

（四）深化可持续供应链的研究

可持续供应链是在绿色供应链管理基础上发展而来的，由于出现时间比较短，研究领域比较新，相关的研究并未形成一个成熟的理论体系。目前的研究成果还集中在可持续供应链的含义、特点、评价等方面，并且大部分停留在定性阶段，很少关注到定量的研究，特别是尚未发现衡量可持续供应链信息披露成熟度的相关成果。本书将以可持续发展为视角研究供应链信息披露，初步建立了可持续供应链信息披露成熟度的评价量表，细分难度、注重阐述，并进行了相应的实证分析，深化这一理论领域的研究。

二、选题的现实意义

（一）为政府制定可持续发展战略提供决策依据

可持续发展是一个全新的发展思想和战略，它兼顾了当下和未来的发展需求。它的目标是保证社会具有长期的可持续发展能力，确保环境、生态安全和稳定的资源基础，避免社会、经济产生比较大、比较频繁的动荡。可持续发展涵盖了人类社会生产、生活的诸多方面，因此，从宏观上进行调控十分重要。政府在宏观调控中占据重要地位，本书的研究能够为政府制定可持续发展战略提供相关的决策依据。

（二）为企业可持续供应链发展提供指导

中国企业的可持续发展观念还没有形成一个体系，并不成熟。大多数的企业依旧是以追求利益最大化为目的，环境保护和社会责任的意识并没有融入到企业经营和管理中，仍旧缺乏主动性和自觉性。在这种思想前提下，随着我国经济发展步伐的加快，会产生两个比较严重的问题：一方面企业的发展与自然资源之间的矛盾会更加突出；另一方面企业的生产经营产生的各种废弃物和污染物会给自然资源带来更大的压力，导致企业外部的经营环境存在着极大的不确定性。

可持续供应链信息披露的成熟度的衡量是对企业可持续供应链发展效果的一个整体评价，对企业的可持续发展水平进行分析，研究企业在发展中对经济、社会、环境所作出的贡献，是供应链可持续发展研究领域的重点问题之一。以指标选取原则为基本导向，建立一套关于可持续供应链信息披露成熟度的指标体系，分析企业在可持续发展方面所作出的努力以及实际达到的效果，明确企业目标与现实的差距，找到实际发展中的不足，进而为企业的可持续供应链发展和完善各方面的政策、措施提供指导。这样有利于资源的合理利用，减少资源浪费，降低环境污染，进而提升人民的生活水平和生活质量，平衡社会利益，提高整个社会的福利。

（三）为其他利益相关者提供信息参考

企业在考虑自身发展的同时，还得保证外部环境的稳定发展。随着全球化进程的进一步深入，供应链上的企业面临着来自于非政府组织、消费者和投资者的压力也越来越大。企业为了获取竞争优势，维护良好的企业声誉和形象，需要建立良好的信息沟通渠道，确保能及时与社会进行交流。联合国全球契约组织表明企业社会责任报告是刺激和加强可持续供应链透明度的有力工具。

皮之不存，毛将焉附。企业需要构建良好的社会相处模式，在此基础上才能较好地实现企业的可持续发展，进而推动社会的可持续发展。而可持续供应链信息披露成熟度的研究能够为利益相关者提供一个了解企业的途径。

第三节　国内外研究现状评述

一、关于可持续供应链含义的研究

国内外学者对可持续供应链管理的研究起步于 20 世纪 90 年代，对于可持续性的定义与分类尚无统一的界定，国内的相关研究很少。

Drum Wright（1994）提出，企业应该具有社会责任意识，在追求经济效益的同时也要注重社会效益，并据此进行购买、生产和消费等基本活动。[1] Murphy 和 Poist（1994）提出了在物流管理中应注重环境问题，这就把环境理念引入到供应链管理之中。[2]

Fleischmann 等人（2000）运用了定向模型评价逆向物流，并将研究内容分为三个方面：销售计划、库存控制和生产计划。[3] Kleindorferet（2005）等拓展了可持续发展的研究层面，运用环境管理、闭环供应链和三重底线的思想将运营的可持续发展引入进来。[4] 从此，学者与企业管理者重视可持续发展问题在传统领域的整合和应用。Mentzer（2001）认为可持续供应链管理是系统的、战略性的协调传统业务，是遍布整个供应链上

---

① Drum Wright M. E：Socially Responsible Organizational Buying：Environmental Concern as a Non-Economic bying Criterion. Journal of Marketing，1994（58），pp. 1-19.

② Murphy P. R，Poist R. F，Braunschweig C. D：Management of Environmental Issues in Logistics：Current Status and Future Potential. Transportation Journal，1994（1），pp. 48-56.

③ Fleischmann M，H. R. Krikke，R. Dekker，S. D. P. Flapper：A Characterisation of Logistics Network for Product Recovery，Omega，2000（6）.

④ Kleindorferet：Sustainable Operations Management. Production and Operations Management，2005（4），pp. 482-492.

的战术。① Lambert（2006）等提出可持续供应链管理是整合最终顾客通过底层的供应商提供产品、服务和信息并进行一体化管理的过程。② Carter和 Rogers（2008）认为可持续供应链管理的目的是为了实现供应链上的企业合作上的长期经济绩效，并通过组织中的社会、经济和环境这三种目标战略进行透明的集成和实现。③ 我国学者对可持续供应链的认识是一个缓慢的过程。传统供应链注重经济效应，忽略了环境和社会问题。到21世纪初我国学者才开始研究绿色供应链及相关理论，蒋洪伟等（2000）认为绿色供应链就是将环境问题加入供应链之中。④ 这之后渐渐地有学者意识到仅仅考虑环境因素是不够的，社会因素同样重要。叶勇（2009）认为可持续供应链是一种现代化的管理模式，是在绿色供应链基础上的补充和发展。⑤ 可持续供应链强调经济、环境、社会三者的结合。它以绿色环保理念为基础、供应链管理技术为支撑、社会责任为要求，使产品或服务在采购、加工、包装、运输、仓储、消费以及最终产品处理的整个环节中，实现经济、环境、社会的可持续发展。闫高杰（2009）阐述了基于三重底线的可持续供应链管理的概念，认为可持续供应链管理是企业和其所在的供应链从战略高度系统协调经济、社会和环境效益三重底线，有效管理供应链中的物流、信息流和资金流，以期获取长期经济效益和持久竞争优势。⑥

当可持续供应链概念发展到一定程度，有学者将其运用到食品行业和零售业。张晓山等（2009）认为可持续食品供应链就是指具有可持续性特征的食品供应链，也就是将环境保护、食品营养和健康、食品质量安全、

① Mentzer J. T, DeWitt W, Keebler J. S, et al: Defining Supply Chain Management. Journal of Business Logistics, 2001（2）, pp. 1-25.

② Lambert D. M, Croxton K. L, Garcia-Dastugue S. J, et al: Supply Chain Management Processes Partnerships Performance. Hartley Press Inc., 2006（2）, pp. 94-108.

③ Carter C. R, Rogers D. S: A framework of Sustainable Supply Chain Management: Moving toward New Theory. International Journal of Physical Distribution & Logistics Management, 2008（5）, pp. 360-387.

④ 蒋洪伟、韩文秀：《绿色供应链管理：企业经营管理的趋势》，载《中国人口、资源与环境》2000 年第 4 期。

⑤ 叶勇：《可持续供应链绩效评价体系研究》，华中科技大学硕士学位论文，2009 年。

⑥ 闫高杰：《基于三重底线的可持续供应链管理研究》，载《物流技术》2009 年第 3 期。

食品链上不同环节的利益公平分配等因素纳入到农业和食品体系形成的食品的产业链条。① 檀学文等（2010）表明可持续食品供应链也具备经济维度、社会维度和技术维度这三个维度。②

二、关于可持续供应链管理的研究

（一）可持续供应链管理模式

可持续供应链管理是基于绿色供应链管理的研究发展而来，由于出现时间比较短，研究内容比较新，相关文献并不多，大多数停留在定性研究上。

索拉旺·威（2008）对可持续供应链管理模式进行研究，认为闭合式供应链模式能够使废弃物得到再利用和最终处理，对环境保护的作用更大，能提高生态效率。③

周鲜成和贺彩虹（2013）研究了可持续供应链管理的驱动和制约因素，构建了可持续供应链管理驱动和制约因素概念模型，按照内部驱动因素、外部驱动因素、内部制约因素和外部制约因素四个方面对其进行归类。④

（二）基于可持续供应链绩效指标的研究

Elkington（1997）认为可以从三重底线理论入手衡量可持续供应链的绩效，分别从经济、环境和社会三个维度去考察目标的平衡。其中三重底线是指从经济、环境、社会三个方面考察，组织在进行经营活动追求经济目标时，不影响自然环境和社会，还能给企业带来长期的竞争优势和经济收益。⑤

---

① 张晓山、杜志雄、檀学文：《可持续食品供应链：来自中国的实践》，黑龙江人民出版社 2009 年版。

② 檀学文、杜志雄：《从可持续食品供应链分析视角看"后现代农业"》，载《中国农业大学学报》（社会科学版）2010 年第 1 期。

③ ［挪威］索拉旺·威：《可持续供应链管理模式研究》，载《中国流通经济》2008 年第 7 期。

④ 周鲜成、贺彩虹：《可持续供应链企业社会责任协同推进机制研究》，载《财经理论与实践》2014 年第 2 期。

⑤ Elkington：Cannibals with Forks：The Triple Bottom Line of 21st Century Business. Capstone，New Society，Oxford，1997.

Stenfan（2007）认为可持续供应链管理是供应链企业以经济、环境、社会为可持续发展目标进行的物流、商流和信息流的综合管理。顾客和社会最关注的恰恰是这三个方面的需求。在可持续供应链管理中，社会和环境的标准是以各个利益相关者的利益保障为基础而实现的。① 索拉旺·威提出企业的生态效率平衡点这一概念，认为一个企业在为客户提供产品或服务过程中，存在一个用最少的资源达到污染最小化的平衡点，并称之为生态效益平衡点。在可持续供应链管理中，使用闭环供应链管理方法，通过业务流程中产生的废弃物最大限度地循环利用和最终处理，实现对自然环境的最佳保护。

我国学界在供应链绩效指标方面的研究很多，但可持续供应链绩效指标的研究直到 2009 年才出现，且寥寥无几。叶勇（2009）构建可持续供应链管理绩效评价指标体系和指标的隶属度矩阵。②

徐凯波（2011）设计、实施北京绿色物流的可持续供应链，为建立一个新的可持续供应链的评价体系提供了新的思路。③

（三）基于可持续供应链绩效评价模型的研究

Kempener（2009）等研究得出一个基于代理的模型和全局动态优化模型，从经济、社会、环境绩效三个方面提出一个衡量和分析可持续供应链的定量框架。④ Wiedmann（2008）等运用投入产出模型分析了三重底线绩效和。⑤ Eroll（2011）等提出了可持续供应链管理关于 TBL 三个方面的多

---

① Stefan Seuring, Martin, Muller: Core Issues in Sustainable Supply Chain Management-A Delphi Study. Business Strategy and the Environment, 2007（10）, pp. 1002-1015.

② 叶勇:《可持续供应链绩效评价体系研究》, 华中科技大学硕士学位论文, 2009 年。

③ 徐凯波:《北京绿色物流中可持续供应链的设计及评价体系的研究》, 载《中国商贸》2011 年第 3 期。

④ Ruud Kempener: Design and Analysis of Bioenergy Networks. Journal of Industrial Ecology, 2009（2）, pp. 284-305.

⑤ Thomas Wiedmann: Unravelling the Impacts of Supply Chains-A New Triple-Bottom-Line Accounting Approach and Software Tool. Environmental Management Accounting for Cleaner ProductionVolume 24 of the Series Eco-Efficiency in Industry and Science, 2008, pp. 65-90.

准则框架，采取多维标准框架测量企业的可持续供应链绩效。① 这种方法可以使可持续供应链的多维评价估计值以某种方式转化为单一的一维标准。

Bai、Sarkis 等人（2012）研究出一个新的衡量方法，基于灰色系统理论和 SCOR 模型来测量供应链的环境绩效。② Carbone 等人（2012）提出在现有数据库中使用数据用于映射可持续供应链的环境和社会绩效的框架模型。③

Carter、Rogers（2008）运用概念理论建立了可持续供应链理论的基础，并提供了一个指导绩效评估的理论。④ Sarkis 等人（2005）提出了在社会维度衡量逆向物流运行的可持续发展框架⑤。Hassini 等人（2012）提出一个广泛的衡量可持续供应链管理的标准和框架，其中包括一百多条指标。⑥ Olugu 等人（2009）开发了用于测量汽车行业供应链的环境可持续性的绩效评估集成系统。⑦

周章玉（2000）采用 GP 目标规划和 AHP 方法对工业过程中的可持续供应链绩效进行优化。GP 目标规划是一种解决多目标决策的方法，而

---

① Eroll Sencer S, Sari R: A New Fuzzy Multi-Criteria Framework for Measuring Sustainability Performance of a Supply Chain. Ecological Economics, 2011（6），pp. 1088-1100.

② Bai C, Sarkis J: Green Information Technology Strategic Justification and Evaluation. Information Systems Frontiers, 2013（15），pp. 831-847.

③ Valentina Carbone: Mapping Corporate Responsibility and Sustainable Supply Chains: an Exploratory Perspective. Business Strategy and the Environment, 2012（12），pp. 475-494.

④ Carter C. R, Rogers D. S: A framework of Sustainable Supply Chain Management: Moving toward New Theory. International Journal of Physical Distribution & Logistics Management, 2008（5），pp. 360-387.

⑤ Zhu Q, Sarkis J, Geng Y: Green Supply chain Management in China: Pressures, Practices and Performance. International Journal of Operations and Production. 2005（5），pp. 449-468.

⑥ Hassini E, Surti C, Searcy C: A literature Review and a Case Study of Sustainable Supply Chains with a Focuson metrics. International Journal of Production Economics, 2012（1），pp. 69-82.

⑦ Ezutah, Udoncy, Olugu, Kuan, Yew Wong: Supply Chain Performance Evaluation: Trends and Challenges. American Journal of Engineering and Applied Sciences, 2009（1），pp. 202-211.

AHP 方法是用来确定目标的优先次序和目标函数中目标偏差变量的权重，二者相比使用并从中选出最合理的方法。①

王建华、杨静（2013）建立了基于生存能力、发展能力、适应自然环境和适应社会环境四方面的可持续供应链绩效评价模型和算法。②

曹裕（2014）以 TBL 和平衡积分卡理论为基础，基于利益相关者视角，运用模糊层次分析法构建可持续供应链评价模型。③

（四）可持续供应链的研究方法

关于可持续供应链的研究方法，在现有文献中严格采用归纳方法或依赖于基础理论技术、传统解释的研究都很少。访谈法和观察法并不是唯一用来发展某一个理论的方法，正如调查研究法不是唯一进行理论测试的方法。关于可持续供应链的研究，目前更多的是定性的研究。调查和问卷调查方法主要用于获取定性而非定量的数据，综述性的论文纯粹地用演绎法"测试"预先建立的理论是非常少的，一般分析可持续性是如何与供应链管理相整合的，或者研究与这个领域相关的理论是如何发展的。

Roberts（2003）指出，虽然许多学者意识到要将社会责任运用到企业运营中的重要性，但文献中很少能提供达到这一目标的引导。如何让企业知道社会责任对企业内部和外部合作者的重要性，是现代企业面临的最大挑战。他通过调查发现了公司信誉、可持续性问题的管理与供应网络的社会影响之间的关系。④

Ghoshal（2005）提出在当时可持续供应链的研究重点是理论发展和实践中的现象分析，概念性的理论建构方法可以创建归纳和演绎推理和研究

---

① Zhang Yu Zhou：Supply Chain Optimization of Continuous Process Industries with Sustainability Considerations. Computers and Chemical Engineering，2000（2-7），pp. 1151-1158.

② 王建华、杨静：《基于结构熵权法和改进 TOPSIS 法的可持续供应链绩效评价模型与算法》，载《中国市场》2013 年第 26 期。

③ 曹裕：《基于 TBL 理论的可持续供应链评价》，载《系统管理学报》2014 年第 5 期。

④ Roberts S：Supply Chain Specific？Understanding the Patchy Success of Ethical Sourcing Initiatives. Journal of Business Ethics，2003.

之间的平衡，也可以帮助学者领导和指导管理实践。① 但供应链管理是注重实践的科学理论，侧重于产品、链接、联系，而在当时的研究领域中，并没有进行实践。

Keating（2008）通过对西太平洋银行公司案例的研究来检验他们在供应链中是如何实现管理社会责任的。重点是对绩效评估和管理工具的讨论，一个实际的模型在讨论中被扩展，并指明其对企业有现实的指导意义。文章指出较大范围的多种思想因素能够影响可持续供应链管理，而同时研究还要考虑一些其他相关因素。②

Stefan Seuring、Martin Müller（2008）通过德尔菲法、专家会议法对可持续供应链进行研究，这些方法允许对可持续供应链管理的研究观点进行结合，从而提出潜在的问题。③

周鲜成等（2013）运用系统文献综述法，对可持续供应链管理的研究进展及发展趋势进行分析。其中不仅对近年来可持续供应链的研究论文进行了描述分析，还采用分类编码方案，从研究主题、产业面向、理论视角和方法学等角度作出了整体评价。④

第四节　研究内容及方法

一、研究内容

本书以齐射社会责任理论、利益相关者理论、三重底线理论和信息不对称理论作为理论基础，以十个行业的企业作为实证研究的对象分析中国企业的可持续供应链信息披露级别和成熟度，分析可持续供应链信息披露

---

① Ghoshal S：Bad for practice：A Critique of the Transaction Cost Theor，Academy of Management Review，2005（12），pp. 85-87.

② Keating B，Quazi A，Kriz A，et al：In Pursuit of a Sustainable Supply Chain：Insights from Westpac Banking Corporation. Insight Fromindustry，2008（3），pp. 175-179.

③ Stefan Seuring，Martin Müller：Core Issues in Sustainable Supply Chain Management - A Delphi Study. Business Strategy and the Environment，2008（8），pp. 455-466.

④ 贺彩虹、周鲜成：《可持续供应链管理的驱动和制约因素》，载《湖南社会科学》2013 年第 1 期。

成熟度与企业社会责任绩效之间的关系，探讨企业可持续供应链的发展。全书的研究内容如下：

（一）可持续供应链信息披露成熟度的研究背景、意义和文献综述

通过介绍学界的可持续供应链研究的背景，了解研究可持续供应链信息披露成熟度的理论意义和现实意义，并对相关国内外文献进行整理，为企业的可持续供应链发展提供参考。

（二）可持续供应链的相关理论与信息披露的关系

明确了可持续供应链的理论依据，对可持续供应链概念进行了界定，介绍了可持续供应链的特点，分析了可持续供应链及相关理论与企业社会责任信息披露的关系，为本书研究可持续供应链信息披露成熟度奠定了理论基础。

（三）可持续供应链信息披露的评价

以十个行业的产值排名靠前的 46 个企业为研究样本，分别从宏观和微观层面对企业的可持续供应链信息披露进行评价。其中，宏观层面上通过可持续供应链信息披露级别的评价量表对样本进行分析，研究行业整体的可持续供应链信息披露情况。而微观层面上通过可持续供应链信息披露成熟度的评价量表研究了企业之间的可持续供应链信息披露差异。

（四）可持续供应链信息披露成熟度与企业社会责任绩效

研究可持续供应链信息披露成熟度的差异，意义就在于它们与企业社会责任绩效之间的联系。通过研究假设的提出，设计企业社会责任绩效评价指标，并分析与可持续供应链信息披露成熟度之间的相关关系，得出相应的结论。

（五）企业社会责任信息披露国内外现状比较分析

通过对美国、欧洲、日本的企业社会责任信息披露现状进行比较，总结和归纳出相应的结论，为中国的企业社会责任信息披露提供借鉴。

（六）对策与建议

通过对可持续供应链信息披露的评价、可持续供应链信息披露成熟度

与企业社会责任绩效的实证研究和企业社会责任信息披露国内外现状比较分析得出的结论，提出相应的对策与建议，旨在从宏观和微观的层面提高企业社会责任绩效，促进企业可持续供应链信息披露成熟度的提升。

（七）案例分析

选择样本企业中两个具有代表性的企业，运用本书的理论与实证分析方法，对两个典型企业进行分析，提出相应的改善措施，促进可持续供应链的发展。

二、研究方法

在实际研究中，主要运用以下方法：

1. 文献研究法

文献回顾通常有两个目标：第一，通过确定形式、主题、论点来归纳现有的研究；第二，可以帮助鉴定某领域的概念主题和促进理论发展。可持续供应链作为一种新的概念需要遵循这种目标，对相关文献进行归纳和总结，回顾以前学者所作的研究，从而寻求本书的突破点。

2. 内容分析法

通过下载企业社会责任报告，根据可持续性披露成熟度级别评价，对样本企业的可持续性披露成熟度级别进行评价，从行业之间分析企业可持续供应链信息披露级别的情况。

3. 主成分分析法

根据可持续供应链信息披露框架，建立了可持续供应链信息披露成熟度量表，运用主成分分析法对企业社会责任报告中披露的信息进行数据收集和分析，得出企业之间可持续供应链信息披露成熟度的情况。

4. 比较分析法

选择企业社会责任信息披露相对比较完善的国家进行对比分析，为中国的企业社会责任信息披露提供借鉴。

5. 理论研究与实际相结合的方法

基于可持续供应链信息披露级别评价量表和可持续供应链信息披露成熟度评价量表，选择中国普天和湖北宜化两个代表性的企业作为研究对象，做到理论与实证相结合，运用本书绿色可持续供应链信息披露评价体系，为企业的可持续供应链发展提出相应的建议。

三、技术路线

技术路线图如图 1-1 所示。

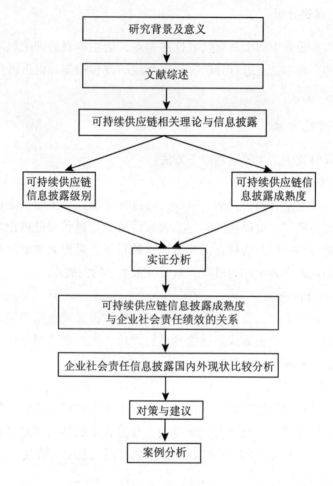

图 1-1　技术路线图

第二章 理 论 基 础

第一节 企业社会责任理论

一、企业社会责任的概念

(一) 西方学者观点

Peter Druker 在 *Management*：*Tasks*，*Responsibilities*，*Practices*（1979）一文中表示企业社会责任主要产生于企业对社会的影响和社会本身所具有的问题这两个方面。[①] 里基·格里芬则认为，企业社会责任主要是增加整个社会福利方面的责任，当然企业承担社会责任的前提是要保证自己的利益。Roberts（2003）作为一个管理学家，他所认为的企业社会责任具有更高的要求和层次，他认为这种责任远远超过了法律的约束和经济利益的诱惑，是为了使社会朝着更有利的方向发展，而承担的责任。[②]

而 Carroll（1979）却把企业社会责任分为经济责任、法律责任、伦理责任和自愿责任四个部分。经济责任仅仅是满足企业的生产经营，为公司创造利益，满足市场的需要，为顾客提供满意的服务。法律责任认为企业的生产经营活动的前提是要遵守法律的规定，在法律允许的范围内，创造经济利润。伦理责任要求企业必须具有正确的价值观，遵守社会规范和市场秩序。自愿责任是一个比较高的等级，这个责任是指企业必须具有强烈的责任感和人文关怀，博爱的思想。当然，Carroll 认为，这四种责任具有不同的等级，不能等同看待。他为这些责任赋予不同的权重，权数成等差

---

① Peter F. Drucker：Management：Tasks，Responsibilities，Practices. Pan Books Ltd，1979.

② Roberts S：Supply Chain Specific? Understanding the Patchy Success of Ethical Sourcing Initiatives. Journal of Business Ethics，2003（44）.

数列排列，分别是 4、3、2、1，经济责任的权重最大，而自愿责任最小。① 可见经济因素在社会责任中占有很重要的地位。

（二）中国学者观点

刘俊海（1999）对企业社会责任进行定义说明的时候，是站在公司法学的立场进行的研究，他认为公司的社会责任，不仅仅是为股东们谋取利益，公司在经营时也应该考虑员工的利益、消费者权益、社会福利、环境利益、竞争对手的利益等一些利益相关者的利益。②

卢代富（2002）认为，企业经营最主要的目的就是盈利，企业社会责任是公司的经营在为股东取得利润最大化的基础上，还要维护和增加社会利益，这同时是企业的一种义务。③ 社会责任的特点如下：在传统的观念中，认为企业经营的原则就是为股东创造最大的利润，而企业社会责任是对这种说法的修正和补充；这是一种积极的经营态度和关系责任；企业社会责任同时要关注利益相关者的利益，企业的经营也要为他们创造利益；企业社会责任同时也是一种法律义务和道德义务，它是二者的统一。

同样的，屈晓华（2003）也认为，企业社会责任是一种融法律、制度、道德和自愿为一体的一种责任。这种责任的实现，以企业的制度和行为规范为约束力，保护自己的合作伙伴、客户等一些利益相关者的利益。这是一个对公司评价的综合指标。④

常凯（2003）在以上观点的基础上提出，利益相关者主要是员工，作为公司的员工，公司的经营不仅为股东创造利益，也要保护雇员的利益。他认为，在市场经济体制下，企业之间是相互作用和影响的，企业的利益相关者对企业的经营发展也有一定的反作用力，所以，企业也要保护利益相关者的利益。⑤

高尚全（2005）则对企业的社会责任进行了分类，分为第一类责任和第二类责任。第一类是基础性责任；第二类是连带责任。基础性责任的出

① Archie B. Carroll: A Three-Dimensional Conceptual Model of Corporate Performance. Academy of Management Review, 1979 (4), pp. 497-505.

② 刘俊海：《公司的社会责任》，法律出版社 1999 年版。

③ 卢代富：《企业社会责任的经济学语法学分析》，法律出版社 2002 年版。

④ 屈晓华：《企业社会责任演进与企业良性行为反应的互动研究》，载《管理现代化》2003 年第 5 期。

⑤ 常凯：《经济全球化与企业社会责任运动》，载《工会理论与实践》2003 年第 4 期。

发点是要促进企业的稳定、健康发展。第二类责任是在承担第一类责任时的连带责任。企业在承担基础责任的过程中，必然会存在一些外部性问题。但是，这些外部性问题可能涉及的主体比较多，一般来说可以在政府和社会的帮助下来解决。①

(三) 国际相关机构观点

本书主要参考了郭洪涛对企业社会责任定义的理解②，在此基础上选取以下有代表性的国际机构的观点，如表 2-1 所示：

表 2-1　　　　　**国际相关机构关于社会责任的观点**

机构	观点
世界银行	这种责任是指企业与利益相关者的关系、价值观、遵纪守法以及尊重人、社区和环境有关的政策和实践的集合，它是企业为改善利益相关者的生活质量而贡献于可持续发展的一种承诺
欧盟	公司在资源的基础上把社会和环境关切整合到它们的经营运作以及它们与其利益相关者的互动中
世界经济论坛	一是好的公司治理和道德标准；二是对人的责任，主要包括员工安全计划，就业机会均等、反对歧视、薪酬公平等；三是对环境的责任，主要包括维护环境质量，使用清洁能源，保护生物和环境；四是对社会发展的广义贡献，主要是对社会经济和福利的贡献
The Conference Board of Canada	企业同其所有利益相关者之间的关系，这些关系人包括客户、员工、团体、所有者（投资者）、政府、供应商和竞争者。关系包括团体投资、员工关系、创造力、维持力、环境工作和财务业绩
美国国际商业协会	公司责任涉及公司对其社会角色要负责并使其持续发展——作为生产者、雇主、市场商人、客户和公民的角色。这些责任包括一些自愿性原则：超越那些相关法律的要求；确保公司在运作期间对社会有积极影响。关于商品和服务的生产和市场，商业道德，环境保护，员工待遇，人权和社会改善行动等问题的策略是与企业责任式协调一致的

---

① 高尚全：《企业社会责任和法人治理结构》，载《中国集体经济》2005 年第 1 期。
② 郭洪涛：《中国企业社会责任比较研究——基于不同所有制的视角》，西南财经大学博士学位论文，2011 年。

续表

机构	观 点
雇员国际组织	在公司运作及与其利益相关者之间相互作用时，公司自愿融合社会和环境问题
国际商会	公司以一套综合的价值和原则来承担企业责任，而这些价值和原则融合了一些管理政策，及其实践和决定过程
The Canadian Centre for Philan-Thropy	企业社会责任就是一套实际管理方法，用来确保公司运营期间对社会造成最少的不良影响和最大的积极影响
台湾世界企业永续发展协会	企业在经营上须对所有的利益相关人负责，而不是只对股东负责。企业承诺持续遵守道德规范，为经济发展作出贡献，并且改善员工及其家庭、当地整体社区、社会的生活品质
美国波士顿学院	要全面考虑公司对所有利益相关人的影响，包括雇员、客户、社区、供应商和自然环境
英国"企业公民会社"	企业社会责任是指企业在追求利润最大化的同时，要承担社会责任，企业的发展要与社会道德规范相对称，要维护企业利益相关者，特别是劳动者的权益和环境保护，以实现可持续发展，提高全社会国民的福利，实现人的全面发展

从以上的研究中我们可以发现，尽管很多专家学者站在不同的角度对社会责任给出了不同的定义，但是他们整体的思想是一致的，即企业社会责任是指企业在进行生产的时候，不能只把盈利作为最主要的目的，在盈利的同时，也要承担一定的社会责任。企业要在法律和道德的前提和基础下，发展经营。他们在经营的过程中也要考虑利益相关者的利益，尤其是公司员工的利益，此外还要保护环境，以最终实现可持续发展。同时这也是本书对企业社会责任给出的定义。

二、企业社会责任面向对象的界定

企业社会责任的定义和理论依据不同，企业承担社会责任面向的对象就有不同的范围。主要表现为两个方面：

第一，不同的理论依据下不同的对象范围。在企业公民理论的观点下，所有人都是企业社会责任的对象，而在利益相关者视角下，企业社会责任理论只将企业的利益相关者作为主要对象。本书认为企业的利益相关者是企业的社会责任的对象。因此，要判定某个人或组织是否为企业的社会责任对象时，只需要判断其利益是否受到企业的影响，即其是否为企业的利益相关者就行了。因此，只要是某个人或组织向企业投入了一定的资源并且能影响企业的经营活动，或者企业的经营生产活动会对这个人或是组织产生一定的影响，那么这个人或组织就是企业的社会责任的对象。

第二，同一理论体系下不同的社会责任对象范围。例如如果依据利益相关者理论对企业社会责任对象分类，就有五对象、七对象和九对象几种不同的观点。其中，五对象是指企业主要针对股东、员工、供应商、客户和社区社会五个对象承担社会责任，其中社区社会又包括政府、社区居民和环境等，其理由是因为政府是社会公众的代表，而环境为社会公众所共有，环境本身不具有人格，其利益可以由政府来代表，或者由公众代表。七对象说，则是把五对象中的社区社会分为政府、环境和社区居民三部分。九对象说，则是认为竞争者和其他社会团体，如非政府组织、新闻媒体等也构成企业重要的利益相关者团体，应予考虑。从本质上来看，这几种学说没有根本性的区别，只是更加具体化，为了本书操作的方便性采取五对象的观点，将企业社会责任对象界定为股东、员工、供应商、客户和社区社会。

三、企业社会责任的内容

国内外学者就有关企业社会责任的划分方面提出了许多不同的观点，其中最具有代表性的主要有以下几点：

1. 企业社会责任"金字塔"理论（四责任理论）

企业社会责任"金字塔"理论，又称四责任理论，如图 2-1 所示，其创立者 Carroll（2000）认为金字塔模型其实也是一种利益相关者模型。[1]经济责任作为一种最基本的责任，受到利益相关者们广泛关注；法律是社会关于可接受和不可接受行为的法规集成，企业的依法经营，对所有者来说很重要；企业伦理责任主要是指企业必须要具有正确的价值观，遵守社会规范和市场秩序。在经营的过程中，要遵守道德的要求，做一些对社会、环境、其他社会成员有益的事情，不会为了个人的盈利而伤害利益相关者的利益。伦理责任具有普遍性的影响，但最明显的是公司的雇员和公

---

[1]　Carroll，Archie B，Buchholtz，Ann K：Business and Society：Ethics and Stakeholder Management. South-Western Publishing Co，2000.

司的客户。慈善责任是期望企业在自身发展的过程中能够参加一定的慈善活动，在经营的同时对社会的一些弱势群体给予一定的扶持和补助，从而促进整个社会的发展。这是一种博爱的情怀。

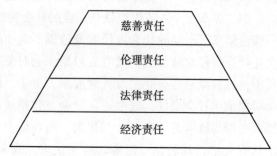

图 2-1　企业社会责任金字塔模型

Carroll 四责任理论的提出，使企业社会的研究取得了突破性的进展，它为后来专家学者开展企业社会责任研究奠定了基础，特别是在有关责任的划分方面。其不足之处是：没有特别清晰、明确和具体地对企业社会责任内容进行论述，只是提出了这种理论模型；也没有对具体的四责任理论进行细致的解释和说明，只是一个泛泛的概念。

2. 企业社会责任三角模型

陈志昂（2003）等人利用责任三角模型，将企业社会责任分为三个部分，分别是法规区、习俗和社会规范区、企业战略区和道义区。企业的管理者们可以根据责任三角模型进行分析，然后确定企业的利益相关者，再对影响企业承担社会责任的因素进行分析，最后确定企业的经营战略，当然战略的选择，要以承担企业的社会责任为前提。①　具体如图 2-2 所示。

社会对企业承担社会责任的需求是没有止境的，然而，企业却只能承担一定的社会责任，这种需求和供给之间是相互矛盾的，在上面这个模型中，明确地提出了这种观点。该模型为企业应该选择何种战略来承担社会责任这个问题提供了新的思路，战略的选择应该侧重在一些关键的问题上承担社会责任。但是这个模型将企业社会责任分为法规区、习俗和社会规范区、企业战略区和道义区这三个部分，这种划分模式，没有明显区分各

① 陈志昂、陆伟：《企业社会责任三角模型》，载《经济与管理》2003 年第 11 期。

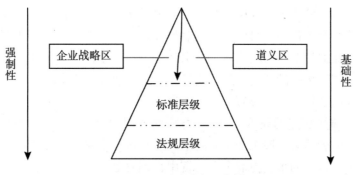

图 2-2 企业社会责任三角模型

种企业社会责任的性质，不能对社会责任的具体内容进行说明和明确显示。

3. 其他有代表性的理论

Abbott、Monsen（1997）认为企业社会责任的内容包括：环境问题、人力资源、社区参与、对雇员平等的机会、产品安全与质量、其他因素 6 个类别。① Pava 和 Krausz（1997）认为积极地投入环境、拥有雇员持股程序、雇员的业绩与奖金联系起来、增加雇员自主性和责任感、除了环境问题之外有助于解决国家的社会问题、满足了当地社区的需要等活动都属于企业社会责任的内容。② 2002 年，世界商业可持续发展委员会强调，企业社会责任的内容应包括人权、员工权益、环保、社区参与、供应商关系、利益相关者的权益等几个方面。

以上这些观点都从不同的方面对企业社会责任的内容进行了探讨，虽然内容不尽相同，但从不同的角度对企业社会责任的内容作出界定，尽管这些观点不够完善，却为本书研究企业社会责任内容提供了相当丰富的材料和启发性思路。

本书认为企业社会责任内容是由企业的经营状况与经济、社区社会和环境之间的相互协调和统一的这种关系所确定的，企业社会责任的具体内

---

① Abbott, Monsen：On the Measurement of Corporate Social Responsibility：Self-Reported Disclosures as a Method of Measuring Corporate Social Involvement. Academy of Management Journal, 1979（3），pp. 501-515.

② Pava Moses L, Krausz Joshua：Criteria for Evaluating the Legitimacy of Performance. Academy of Management Review, 1979（4），pp. 497-505.

容应该包括以下几个方面：

第一，经济责任。这类责任对企业来说是最基本的责任。企业是经济组织，经济组织最终的目的就是利益最大化，因此企业承担着重要的经济责任。企业通过参与市场竞争，追求经济效益，生产出更多符合社会需要的产品，创造更多的财富，从而使经济稳固、健康的发展。

企业的经济责任主要有：

（1）维护股东的权益。这种权益由两方面构成，分别是回报权利和监督权利。前者是说，股东为企业的生产经营投入资本，企业就必须为这种投资带来一定的回报，使股东在投资中得到好处；后者是指，股东对公司的经营和管理有一定的监督权，对资金的去向有知情权。

（2）维护消费者权益。企业生产经营的产品一定要保护消费者的利益，满足消费者的需求。对出售的产品和服务要保证一定的质量，不出售假冒伪劣产品，不欺诈消费者等。

（3）增加社会福利。促进经济的持续、健康和稳固增长，满足市场的需求，提供的产品和服务具有一定的价值，提供就业岗位，帮助社会缓解就业难题等。

第二，环境责任。20世纪60年代后，资源枯竭、环境恶化、生态失衡，直接威胁着人类的可持续发展，企业怎样在应对环境危机中有所作为事关企业、社会和环境的利益，事关子孙后代的生存与发展。企业承担环境责任就是企业在生产经营和发展的同时，不仅要履行经济责任，而且要保证经营生产活动满足法律和道德的要求，要保护环境，爱护环境，使企业在盈利的同时对环境没有负面的影响。除此之外，企业应该尽自己的最大能力对环境进行治理，为经济、社会和自然的可持续发展作出自己的贡献。

企业的环境责任包括以下几个方面：

（1）生产经营的活动以遵守法律法规为基础，绝不在违反有关环境法律法规的情况下进行生产经营。为资源、环境与社会可持续的发展作出自己的贡献。

（2）保护环境，企业谋取利益决不能以破坏环境或者是生态系统为代价，也不能走先污染后治理的道路。而且，要积极地投身到社会环保事业当中。

（3）不断地进行技术和科技创新，开发出清洁的能源和替代能源，降低能源的消耗，防止资源的枯竭，促进可持续发展。同时也要求企业生产经营的废气、废水等进行治理后再排放。

第三，企业的社区社会责任。社区社会作为企业重要的利益相关者，对企业的生存和发展具有重要的意义，也是企业赖以生存与发展的基础。社区和企业之间有密切的联系，因此企业必然要承担起对社区的种种责任。

企业的社区社会责任主要有：

（1）促进企业所在社区的发展，积极地参与到社区文化和社区活动当中，对这些活动给予一定的支持和帮助（资金方面和人力方面等）。除此之外，企业要与当地政府、社区人民保持良好的关系。

（2）积极开展和参与社会慈善活动。

（3）关注并且帮助社会弱势群体，积极地投身社会的公共慈善事业，如福利院、养老院、孤儿院等。

根据上述分析，总结企业社会责任的内容如表 2-2 所示：

表 2-2　　　　　　　　　　企业社会责任内容表

企业社会责任内容	一	二	三
经济责任	维护股东权益	维护消费者权益	促进经济增长
环境责任	节约资源	保护生态环境	遵守环境相关法律法规
社区社会责任	积极参与社区建设	社会慈善活动	关注弱势群体

四、企业社会责任信息披露

社会责任信息披露划分为两种，一种是自愿性披露，另外一种是强制性披露。企业对投资者、企业员工、消费者、相关政府机构和生态环境等一些利益相关者和部门所履行的责任情况需要强制性披露。而企业社会责任是企业自愿性披露的内容。

（一）企业社会责任信息披露的基本内容

中国企业社会责任信息披露的基本内容主要依据以下几方面：

1. 深圳证券交易所上市公司社会责任指引

2006 年，深圳证券交易所制定发布了《深圳证券交易所上市公司社会责任指引》，规定有关公司的治理情况、股东分红信息、债权人的知情权等都属于企业社会责任信息的内容。此外，职工的工资待遇和福利状况、员工的定期培训、企业的合法经营产品的合格和安全情况、资源利用效率和状况、环境的维护和治理、与所在社区的关系维护、投身于公益事业、遵守法规政策、配合相关部门的调查和监督等这些内容都属于信息披露的内容。

2.《公司履行社会责任的报告》编制指引

2009 年，上海证券交易所发布了《〈公司履行社会责任的报告〉编制指引》，书中明确规定，以下这些内容必须要在企业的社会责任中进行披露：经济责任方面，像为股东创造利益，带来投资回报，满足顾客的需求，为客户提供满意的产品，从而为顾客创造价值，关注员工的发展，考虑员工的利益，为员工提供好的发展平台等；在环境保护方面，像保护环境和保护自然资源、废水废气做到先处理再排放、保证企业所在社区的居民居住环境、保护生态环境和生物多样性等；促进社会可持续发展方面，像对生产的产品进行严格把关、保护员工的安全、致力于所在社会的公益事业、促进所在社区的发展等。

3. 中国企业社会责任研究报告

2012 年 11 月，《中国企业社会责任研究报告》（《企业社会责任蓝皮书》）正式发布，由中国社会科学院经济学部企业社会责任研究中心编著。这本书分别从责任管理、市场责任、环境责任和社会责任这四个方面对一些企业进行了分析和评价。有以下内容：责任管理方面，企业对有关履行社会责任进行发展规划、并且针对一些行贿受贿等情况进行控制等；在市场责任方面：严格控制产品的合格率，对成长和发展状况等指标进行规定；社会责任：社保覆盖率、员工安全健康培训及社会福利的提升等；在环境责任方面：主要指企业对环境的保护措施、节能减排方面的指标。

将上述分析内容总结起来如表 2-3 所示：

表 2-3　　　　　　　　企业社会责任信息披露内容依据

企业社会责任信息披露内容来源	内 容 要 求
《深圳证券交易所上市公司社会责任指引》	公司治理、分红信息、债权人、职工、培训、劳动安全卫生、产品服务情况、资源利用、环境保护、排污的治理、公司与社区等

企业社会责任信息披露内容来源	内 容 要 求
《公司履行社会责任的报告》编制指引	促进经济、环境、社会的可持续发展
中国企业社会责任研究报告	责任管理、市场责任、环境责任和社会责任

（二）企业社会责任信息披露的基本形式

中国的企业社会责任信息披露主要有以下几种：

1. 财务报表

目前中国大多数企业选择将企业的社会责任信息融入到财务报表中披露出来。在这种方法中，企业承担的社会责任的反映是通过在企业的财务报表中添加科目或者在报表中进行附注。例如，可在资产负债表中的资产一方增设"环境资产"科目，这个科目可以用来记录在过去的一个时期内，企业由于环境保护等形成的资产，在负债一方增设"环境负债"科目，用以反映企业为了治理环境，开发环保产品，升级生产设备以达到节能减排目的等付出的成本和负债等。这种方法有利于信息披露和财务报表联系在一起，但是也有一定的弊端，由于这种记录方式，不能对信息进行集中。在进行报告总结时必须进行自行整理，且受制于传统财务报表固定的篇幅和格式，不能全面彻底地反映企业承担社会责任的情况。

2. 企业社会责任报告

所谓企业社会责任报告，是企业公开发布的、向利益相关方阐述企业经济与社会活动的一种非财务报告，它最初起源于企业发布的环境报告。在20世纪，当西方面临着日益严重的环境问题时，大多数的社会责任报告采用"环境报告"形式。随着越来越多的专家学者对企业社会责任的研究，"公司责任报告"和"可持续报告"成为潮流，越来越多的公司采用这两种形式进行信息披露。目前西方国家正在探讨如何将对社会和环境负责任的要求融入到公司战略和日常运营之中，以实现公司与经济、社会、环境的持续协调发展。跨国公司也将编制企业社会责任报告看作是企业战略提升的一个过程。可以看出，企业社会责任报告在国际上成为了潮流，是企业进行信息披露的主流趋势，所以我国也在逐渐着手进行这方面的改进，在企业社会责任报告中进行信息的披露。

（三）企业社会责任信息披露的标准

企业社会责任信息披露的标准主要分为两个类别：国际企业社会责任标准和中国企业社会责任标准。具体包括以下内容：

1. 国际企业社会责任标准

国际企业社会责任标准，具体提出时间、特点、功能等情况如表 2-4 所示。

表 2-4　　　　　　　　　　　国际企业社会责任标准

标准名称	提出时间	提出者	依据或者出台条约	内容特点	功能作用
SA8000社会责任标准	1997 年	美国的社会责任国际发起并联合欧美跨国公司和其他国际组织	依据国际劳工组织（ILO）公约、联合国《儿童权利公约》、《世界人权宣言》制定	以保护劳动者工作环境、劳工权利为主要内容。规定企业在童工、强制劳动、健康与安全、结社自由及集体谈判权利、歧视、惩戒性措施、工作时间、报酬和管理体系等九个方面要满足一致条件	实施为切实解决企业社会责任问题提供了一个有力的工具，它已成为衡量一个企业行为的成文道德指标。许多企业为了树立企业的品牌形象和加强企业的社会影响，都纷纷响应SA8000 社会责任标准
"全球契约"计划	1999 年提出，2000年 7 月启动	原联合国秘书长科菲·安南		要求企业以为社会负责任的理念参与全球经济，特别要遵守人权、劳工标准、环境和反腐败这四方面十项原则标准	为企业建立了一个更宽广平等的世界市场，为企业寻求商业机会、创建企业品牌、扩大企业知名度、建立国际合作联系提供了一个机遇

续表

标准名称	提出时间	提出者	依据或者出台条约	内容特点	功能作用
ISO26000 社会责任指南标准	2010 年 11 月	国际标准化组织	《ISO26000社会责任指南标准》	包含九个方面内容：组织管理、人权、劳工、环境、公平经营、消费者权益保护、社区参与、社会发展、利益相关方的合作	它是企业社会责任发展史上的里程碑，兼顾了发达国家和发展中国家的所有组织机构。该标准不能用于第三方的认证，不是强制性要求和管理体系标准，它仅仅是一个行动指南
可持续发展报告指南	1997 年	全球报告倡议组织（GRI）	《可持续发展报告指南》	从经济、环境和社会业绩三个角度出发，组织安排企业可持续发展报告的内容，即企业应反映它改善经济、环境和提高社会业绩的具体行动、结果及其未来的改进战略	现在许多国际组织在进行企业社会责任方面的讨论交流时皆以该指南作为参考，在企业的实际工作中，许多跨国公司也已经将该指南作为编制可持续发展报告的标准

2. 中国企业社会责任标准

中国现有的企业社会责任标准具体情况如表 2-5 所示。

表 2-5 　　　　　　　　　　中国企业社会责任标准

时间	提出机构	标准名称	具体内容及功能
2006 年		《中华人民共和国公司法》	首次提出企业应"承担社会责任"

续表

时间	提出机构	标准名称	具体内容及功能
2008 年	国务院国有资产监督管理委员会（简称"国资委"）	《关于中央企业履行社会责任的指导意见》	央企履行企业社会责任要掌握好三项原则和八项内容，成为中国企业履行社会责任的先锋队，带领中国企业全面提升可持续发展能力，促进整个社会的和谐发展。这是国家发布的第一个对央企如何履行企业社会责任提出的纲领性、系统性书面文件要求
2005 年	中国纺织工业协会社会责任推广委员会	《中国纺织企业社会责任管理体系 CSC9000T》	该体系充分考虑到了我国国内企业安全生产的现状，特别增加"劳动合同"的管理规范，希望通过有效的合法的劳动合同，帮助员工切实维护自己的权益，督促企业遵守合同的规定。这是最先推出的行业的企业社会责任行为准则
2006 年 9 月	深圳证券交易所	《深圳证券交易所上市公司社会责任指引》	率先将社会责任引入上市公司，鼓励上市公司积极履行企业社会责任
2008 年 4 月		《中国工业企业及工业协会社会责任指南》、《关于倡导并推进工业企业及工业协会履行社会责任的若干意见》	要求工业企业在自律的前提下，建立工业协会社会责任体系，这对我国工业企业全面地推进企业社会责任建设和工业健康发展，对我国建设和谐社会具有重要意义
2008 年 5 月	上海证券交易所	《关于加强上市公司社会责任承担工作暨发布〈上海证券交易所上市公司环境信息披露指引〉的通知》	鼓励上市公司积极披露社会责任报告，这项文件的发布有助于督促上市公司不仅关注自身经济效益、维护股东利益，还积极承担社会责任，对促进企业经营模式的转变和社会的可持续发展起到表率作用

续表

时间	提出机构	标准名称	具体内容及功能
2013 年 1 月 19 日	由专业第三方机构研究编制	《DZCSR30000 中国企业社会责任标准体系》	首次突出文化、品牌等软实力的重要性，将责任文化与经济、社会、管理、环境共同构建为"五位一体"企业社会责任管理模式，并作为重要量化指标加入到评价体系。该标准体系的发布打破了国内缺乏自主性企业社会责任标准的尴尬局面，推动我国企业社会责任新模式的构建

（四）第三方鉴证

中国目前企业发布社会责任报告仍处于自愿性阶段，尚未出现统一的企业社会责任方面的法律规范，所以，这就给企业在编制社会责任报告时带来了随意性、不统一性，报告的内容多显空泛，多为定性描述，量化成分较少。这就导致这样一种现象，很多企业发布的社会责任报告成为其彰显门面的招牌，成为一种广告宣传手段。这不但使公众不能清晰地了解企业履行社会责任的情况，而且，一般这样的报告的真实性、可信度也难以保证。为了解决这种可行度低、难了解、透明度差的问题，第三方鉴证就产生并发展起来了。这种机构主要用来鉴定企业发表信息的真实性，为公众真实准确地了解企业的信息提供了保障。

第三方鉴证主要是用来对企业公布信息的准确度、可信度等进行审查，然后对审查的结果出具一定的报告。这种鉴证者可以是个人，也可以是一个机构，一般来说，他们比较公平、公正、客观，具有一定的独立性。由于有了第三方鉴证的存在，对公众来说，就比较容易得到真实准确的企业社会责任报告，这样也有利于维护利益相关者的利益，促进社会公平、公正的发展。

在 2005 年的时候，AA1000 标准发布了，这个标准是由英国的社会道德与责任研究院出台发布的。这个标准由企业社会责任信息和社会责任绩效这两个方面的内容构成。这个标准指导了报告关键环节的鉴证，广泛地应用到了企业社会责任信息报告审核的一些方面。但是有效地实施独立的审计鉴证制度，还需要继续完善相关的法律制度、加强第三方鉴证的专业水平和职业操守等。在中国，一些相关制度正在建立并且走向完善，而且第三方鉴证成本逐渐降低，再加上公众对信息的透明度和准确性要求越来越高，进行社会责任信息披露的企业日益增多，也有越来越多的企业进行信息鉴证，这种做法，一方面有利于帮助企业树立公众形象，另一方面也能帮助公众等一些利益相关者了解到真实的信息，保障了他们的合法权益。

第二节　利益相关者理论

一、利益相关者的定义

利益相关者的定义有着广义和狭义之分。

广义的利益相关者是从"是否影响企业或受企业影响"这个角度来定义的。其中弗里曼的观点最具有代表性，1984 年 Freeman 在《战略管理：一种利益相关者的方法》一书中指出，"利益相关者是能够影响一个组织目标的实现，或者受到一个组织实现其目标过程影响的所有个体和群体"[1]。并且，在这本书中，正式把一些实体部门，像当地社区、环境保护主义者、政府部门作为企业的利益相关者，归入管理学研究的里面。

狭义的利益相关者定义是指与企业有一定关系，并在企业中进行了一定的专用性投资的群体。其中，克拉克森的观点最具有代表性。在他的观点中，利益相关者作为投资人参与到企业的生产经营当中，他们投入的可能是人力、物力、财力等一些有价值的东西，所以企业的经营生产等活动关系到他们的利益，他们对企业的经营状况具有所有权和知情权。同时，他们也承担了一定的风险，并且他们承担的风险和他们与企业关系的紧密程度是呈正相关的关系，即风险越大，联系越紧密。

广义的利益相关者的界定能为企业关于利益相关者提供一个分析框架，并且符合企业社会责任的观点，这种定义的范围过于太大，不便于更好地理解和把握；狭义的定义虽然更具学术性，但在企业社会责任观念日益被强调的当下，解释实践的能力较弱。可见，利益相关者概念的研究，应该在科学界定基础上进行分类研究。

---

① R. Edward Freeman：Strategic Management：A Stakeholder Approach. Cambridge University Press，2010.

二、利益相关者的分类

用科学的方法对利益相关者进行分类，这样有利于我们更准确地理解和辨别利益相关者，从而进行科学的管理。本书从企业角度出发，归纳总结了以下学者对利益相关者的分类。

Frederick（1991）认为能够给企业生产经营相关的战略决策的制定和实施带来影响的组织或者个体，就是利益相关者。[①] 他分别从直接利益相关者和间接利益相关者这两个分类主体出发，来探究利益相关者和企业之间的关系，以及他们对企业生产经营的影响。像股东、雇员、债权人和债务人、供应商、批发商、零售商、顾客等都属于企业的直接利益相关者，他们直接与企业发生市场交易关系。间接利益相关者则相反，他们和企业之间，没有直接的市场利益关系。这类人主要有政府、社会团体、一般公众等。

Charkham（1992）也站在另一个角度对利益相关者进行了分类。[②] 他的分类中主要有两种类型，分别是契约型（和企业之间达成长期的交易性的合同关系）和公众型（他们之间没有形成买卖合同关系）。像公司的股东、雇员、顾客、供应商、债权人等和企业之间都有长期的合作关系，就归入了契约型的利益相关者之内。像政府、公众、媒体和普通消费者等都属于公众型的利益相关者。

Clarkson（1994）从不同的角度出发，提出了根据利益相关者承担风险的情况和与企业之间联系的密切程度的不同，提出了两种典型的分类方法。[③] 第一种视角下，他认为利益相关者有自愿的利益相关者和非自愿的利益相关者之分。自愿的利益相关者，他们为了取得一定的收入，即使承担一定的风险，也主动在企业中投入一定的人力、物力或者是财力。这种投资行为是自愿的。非自愿的利益相关者是指他们的利益受到企业经营状况的影响，从而也承担了一定的风险，这种风险的承担不是他们主动要求

[①]　Frederick W. C：The Moral Authority of Transnational Corporate Codes. Journal of Business Ethics，1991（10），pp. 165-177.

[②]　Charkham J：Corporate Governance：Lessons from Abroad. European Business Journal，1992（4），p. 816.

[③]　Clarkson M：A Risk-Based Model of Stakeholder Theory. Proceeding of the Toronto Conference，1994.

的，是一种被动的接受。这两种类型的相关者们只是采取不同的心态和行为承担了一定的风险。在另外一种分类方法中，有首要的利益相关者和次要的利益相关者之分。首要的利益相关者，其实就是他们和公司的生产经营有着密切的联系，公司的生存和正常运转离不开他们长期的参与和合作，与他们的合作终止，公司的生存和运营就会受到不同程度的影响。这类人主要是公司的股东、雇员、投资者、客户、供应商等。次要的利益相关者是指这类人不直接参与到企业的买卖交易之中，只是他们的利益受到企业经营的影响，反过来，他们的行为也会影响到企业经营状况。例如一般公众、环境保护者、媒体等。

威勒（1998）在 Clarkson 提出的关于分类的紧密性维度的基础上，引入了社会性维度。① 他认为利益相关者有以下四类，分别是：（1）像股东、雇员投资者、公司的管理者；供应商、零售商、客户等这些首要的社会性利益相关者，他们的行为和公司有直接的利益关系，并且这些人不断参与到公司的经营过程当中。（2）像一些政府机构、当地社区、竞争对手、媒体、市政机构、监管机构、贸易团体等一些次要的社会性利益相关者，他们和企业之间是一种间接的利益关系，他们通过一些社会性的活动来影响企业的生产运营。（3）像自然环境，未来的几代人，非人类物种这些都属于首要的非社会性利益相关者，他们不与具体的人发生联系，但是对企业的生产经营有直接的影响。（4）像环境保护压力群体、动物福利组织等这些都属于次要的非社会性利益相关者，他们对企业有间接的影响，也不包括与人的联系。关于利益相关者的分类采取的视角不同，分类结果也不相同。在企业社会责任的前提下，结合企业社会责任面向的对象，利益相关者可分为股东、供应商、员工、客户和社区社会五类。

三、利益相关者理论与企业社会责任信息披露

（一）提供信息披露的框架

由于企业利益相关者的利益受到企业经营状况的影响，所以利益相关者理论主张，这些人有权利参加企业的决策。管理者受到这些人的委托，

---

① 大卫·威勒、玛丽亚·锡兰帕：《利益相关者公司：利益相关者价值最大化之蓝图》，张丽华译，经济管理出版社 1998 年版。

进行公司治理和战略选择。公司的经营目标要考虑所有利益相关者的利益，而不仅仅只考虑股东的利益。企业进行相关信息的披露，是为了这些利益相关者们更好地了解公司的运营状况，同时也是对这些人权利的一种保障，公司有责任进行信息披露。利益相关者理论在一定程度上促进了企业社会责任的发展，这也是对"股东至上"这个传统的思想提出的质疑和挑战。企业社会责任理论主张，企业在经营的过程中，要关注利益相关者的利益，不能以传统的狭隘的观点来认为企业经营的目标就是使股东利益最大化，这种观点是片面的。相反，我们应该从整体的角度来理解企业的社会责任。

在研究企业社会责任时，把利益相关者考虑进去，是国内外很多专家学者的观点。其中 Carroll（2001）就认为这种做法，便于界定企业社会责任的范围，企业可以根据利益相关者的不同类型，来承担相应的责任。[①]在企业社会责任信息的披露中也可以以利益相关者理论为基础和参考依据，这样可以便于企业区别信息披露的对象和范围，根据不同的利益相关者，披露不同的信息，这样也有利于使信息披露的内容更加规范化和标准化。企业根据利益相关者理论，能够清晰地知道，对于不同的主体应该披露哪些信息内容，同时对披露的内容也有一定的把握，这样就有利于企业社会责任的承担，从而，在一定程度上可以避免由于对象不清、概念含糊不明而导致企业混乱地披露相关信息这类情况的发生。

（二）衡量企业社会责任的标准

由于企业社会责任在一些基本概念上的模糊不清，再加上不能准确地定位需要承担责任的对象以及界定社会责任的承担范围，这样就会导致很难有客观、适合、可操作的方法来衡量企业所承担的社会责任。如果在研究企业社会责任时，以企业的利益相关者理论为基础，清晰地明白企业对社会的责任就是对利益相关者的责任，这样只需要确定企业的利益相关者，然后再分别确定他们的信息需求，根据不同的需求来提供不同程度的信息，这样就为企业的信息披露带来了依据，同时也为评价企业社会责任信息披露提供了可操作的方法。

---

① Carroll, Aichie B, Buchholtz, Ann K: Business and Society: Ethics and Stakeholder Management. South-Western Publishing Co, 2000.

第三节　三重底线理论

一、三重底线的概念

《餐叉食人族：21世纪商业的三重底线》①，这本书出版于1997年，作者是Elkington。三重底线理论在这本书中首次提出。所谓的三重底线理论其实就是说，企业的利润、环境保护和社会绩效是企业生存的三条基线。传统的企业以利润最大化作为经营的目标，但是，三重底线理论认为，企业在经营的同时，也要兼顾环境的保护和增进社会福利。这些底线是企业实现可持续发展的基础，一旦遭到破坏，企业的生产运营将不能正常进行。这个理论的提出，为企业的经营提出了三条标准，同时也表明了企业有三个方面的特性。作为"经济人"，企业的生产经营以追求企业价值最大化为目标；作为"社会人"，企业在社会中生存，必须要履行一定的社会责任，要兼顾社会中各方面的利益，关注利益相关者的利益，为社会福利的增进贡献自己的力量；作为"生态人"，企业在这个大的自然环境中生存，依赖自然资源，企业在运营的同时要保护环境，维护生态平衡。如果一味地向大自然无节制的索取，最后会造成资源的枯竭，这样就破坏了生态环境的可持续发展。这样企业的发展也会受到影响。"三重底线"包括经济、社会、环境三个方面的内容，所以，对企业进行绩效评价的时候也要从这三个方面入手，确定评价的依据和标准。这个理论的提出，为企业绩效评价体系的构建提供了一个良好的参考模板，这样就可使绩效评价的内容更具有针对性，评价的结果更具有解释性。企业也可以根据评价的结果来不断地进行总结和改进，从而更有利于企业的发展。

二、三重底线理论的内容

Elkington（1997）作为三重底线理论的最早提出者，他认为一个企业在进行经营管理的过程中，始终坚持经济责任、社会责任、环境责任三者的统一，是企业实现可持续发展、立于不败之地的最重要的原因。②

---

① Elkington J：Cannibals with Forks：The Triple Bottom Line of 21st Century Business. New Society Publishers：Vancouver，BC，Canada，1997.

② Elkington J：Cannibals with Forks：The Triple Bottom Line of 21st Century Business. New Society Publishers：Vancouver，BC，Canada，1997.

1. 经济责任

企业绩效评价的基础是企业的经济责任。一直以来，对企业经济责任的评价是企业绩效评价中很重要的一个方面。传统的经济责任局限于企业财务上的增长，但实际上非财务绩效也是企业经济责任的一方面。经济绩效对了解一家企业的可持续发展的能力是非常重要的。所以，企业的经济责任不仅包括企业在财务上的经济增长，还包括对社会或者是国家、其他的利益相关者等一些外围主体的经济可持续发展的贡献。

2. 环境责任

环境责任作为三重底线的内容之一，是指企业在生产经营的过程中，要同时兼顾环境保护的责任。企业的生产经营活动可能会对环境造成一定的负面影响，反过来，环境的破坏也会影响企业的可持续发展。企业在环境中生存，就必须承担保护环境的责任。我们通过对环境绩效指标的观察和计算，可以看出企业的环境责任履行的情况，通过定期或者不定期地对企业的环境绩效进行横向或者是纵向的比较，评价企业责任的履行状况，发现企业在经营中存在的问题，及时地采取相应的措施，避免造成更大的破坏。这样可以不断提高企业的环境绩效，从而提高企业的综合实力和核心竞争力，有利于企业实现可持续发展。

3. 社会责任

企业三重底线评价的社会层面，是指企业履行社会责任情况，对企业可持续发展的影响。早在 1924 年，"企业社会责任"这个概念就由 Oliver Sheldon 提出。① 他把企业社会责任提升到道德层面，认为履行社会责任是企业拥有高尚道德的表现，这种层面的认识远远高于企业利益。企业通过履行社会责任，保障了利益相关者的利益，同时，还加强了和企业相关者的互动和合作，这样就为企业的生存和发展提供了一个优越的环境基础，也有利于企业的可持续发展。一般来说，企业具体的社会责任表现在以下几个方面：员工方面：为员工提供一定的培训机会，为员工构建一个很好的发展平台，当然也要为员工提供合理的薪资待遇和福利水平，保障他们的基本权益。其中，和员工之间签订劳务合同，保证他们的安全和正常的休息等。消费者方面：企业为顾客提供的产品和服务，要有一定的质量保

---

① Oliver Sheldon：The Social Responsibility of Management. The Philosophy of Management，London，Sir Isaac Pitman and Sons Ltd.，first published 1924，reprinted 1965，pp. 70-99.

证，同时合理定价，不欺诈消费者。提供产品和服务的基本信息，要让消费者有一定的知情权，同时也要提供售后服务，及时处理消费者的问题。商业伙伴方面：在和一些商业伙伴进行合作的时候，例如供应商，企业应该以诚信为基础，及时准确地提供货物信息。同时也要尊重竞争对手，做到公平、公正的竞争，抵制商业贿赂等一些不正当的手段。政府方面：生产经营依照政府政策条例的相关规定，以守法为前提，要依法纳税，不偷税漏税，不参与一些腐败活动等；社会公众方面：企业在盈利的同时也要投身到社会公益当中，尽量多参加一些慈善项目，帮助需要帮助的人，同时要关注舆论导向等。

4. 经济、社会、环境协同发展

经济、社会、环境协同发展，是指在一定的环境承载范围之内，企业充分有效利用环境中的资源和能源，来组织自身的生产经营活动，使经济实现增长。企业的生产经营活动，要兼顾经济、社会和环境的可持续发展。但是，我们都知道一个企业的能力和资源都是有限的，不可能在这三个层面上都做到最好，但是企业要根据自身的能力，尽量兼顾各个方面的利益，在保证企业正常运转的前提下，做到不破坏环境，保护环境和增进社会福利。

三、三重底线与企业社会责任信息披露

三重底线理论指出企业的经济责任是企业最基础的责任。企业的生产经营必须要盈利，为股东创造利益，增加企业的利润，依法纳税，这也即是传统意义上的企业社会责任；环境责任就是环境保护，保护生态系统，保护自然资源；社会责任主要就是增加社会福利，保障利益相关者的利益。

从某种程度上看，三重底线理论可以用于衡量与企业经济责任表现相对应的社会责任表现与环境责任表现，因此可以作为一种分析框架来应用。这个理论也在一定程度上能够反映出一个企业的价值观和战略方向，如果企业能够满足三重底线的要求，那么也就是说企业已经基本履行了相关的责任。同时，三重底线理论对于企业对社会责任范围的界定也有推动作用，可以帮助企业审视经济、环境和社会表现与绩效之间的相互关系，促进了企业社会责任的履行，同时也为相关学者对于这个方面的研究提供了理论支撑。

第四节　信息不对称理论

一、信息不对称理论的内容

随着互联网科技的发展，信息在各行各业中都具有举足轻重的地位，同时，信息不对称情况也是经常存在的。信息不对称理论作为信息经济学的基础理论，它为一些专家学者更好地研究经济活动提供了一些理论基础和理论支撑。在企业的生产经营过程中，企业和其利益相关者之间也存在着信息不对称的情况，企业社会责任报告可以看作解决这种信息不对称问题的途径，可以通过信息不对称理论加以分析。

以下两点是对信息不对称理论的概括和总结：第一，信息分布不均衡，在交易双方之间，一方了解更多的信息，而另一方比较闭塞；第二，交易双方清楚地了解自身的信息掌握水平。同时由于这种不均衡的信息分布，又可以把交易双方分为代理人和委托人，前者掌握较多的信息，在交易中处于优势地位，然而后者，没有信息优势，掌握的信息资源比较少。

信息不对称可从内容不对称和时间不对称这两个角度，进行相关内容的研究。例如在交易中参与者的行为、一些相关信息和知识等这些都属于非对称信息的内容。一些隐藏行动和信息都是造成信息不对称的主要根源，例如，公司的股东，不知道经理的精力投入程度，如对工作努力情况；保险公司不知道投保人的健康状况等。从非对称信息发生的时间来看，这种信息不对称可能发生在签约之前，或者是签约之后，前者，例如消费者在购买之前不知道产品的质量情况等，这种不对称也可以称为事前信息不对称；后者，例如股东不能清晰判断经理的投入水平等，又可以称为事后信息不对称。

占据信息优势的一方隐藏了知识或信息，这是事前信息不对称的主要原因。"逆向选择"理论主要就是针对这方面的研究；而占据信息优势的一方隐藏了行动则会造成事后信息不对称，"道德风险"理论是对后者的研究。为了尽可能地降低信息不对称给双方企业带来的破坏，我们就必须从逆向选择和道德观念这两个方面进行研究，维持市场的均衡，促进信息资源和知识资源的合理配置，减少信息不对称的发生。以下是对这些理论的具体介绍：

1. 逆向选择

逆向选择就是说在进行决策时，掌握较多信息的一方，在战略选择时往往倾向于对自己有利的一方，这样最终就会使拥有较少信息的一方和错误的一方达成了交易。逆向选择理论是 Akerlof 在 *The Market for Lemons*(1970)① 一文中首次提出。他指出，例如在旧车交易市场上，好车和次车同时存在，好车的价格肯定高于次车，但是，作为一个购买者，对车的质量等方面的信息并不清楚。由于这种信息不对称的存在，买卖双方对车的价格很难达成一致，作为一个购买者，由于不清楚车的质量，所以，为了心理的平衡，肯定不愿意出高价来购旧车，所以，他们更有可能出一个平均质量的价格。这时，由于好车的价格被低估，车主会把好车和次车分离开来，让购买者在次车中进行选择。这样就会造成好车退出市场，而购买者也明白这个道理，所以，在购买中只愿意出更低的价格，不会按照定价进行付款。如此往复，最后在市场中只有次车，此时，购买者很难买到好车，即使愿意出高价。这样一来，购买者就会对市场失去信心，不再在市场上进行消费，最终次车也被剩下。这样"劣币趋良币"的现象会造成市场的失灵，但是，传统的经济学观点则认为，市场竞争会导致"优胜劣汰"供求会自动达成均衡。

2. 道德风险

道德风险往往发生在交易双方签约之后。在合约签订之前，信息是对称的，但是，之后在公司运营的过程中，由于受到不对称信息和利润等方面的影响，拥有私人信息的一方会做出不利于另一方的"举动"（行动或者是信息），但是由于另一方对信息掌握不够，又不能及时得到信息，所以不能及时发现问题，采取措施，造成最后风险的发生。

道德风险又分为两类，一种是隐藏行动的道德风险，另一种是隐藏信息的道德风险。这种风险都是指在签约时交易双方的信息是对称的，但是在签约后，由于一些因素的存在，会造成信息不对称，最终导致风险发生。前者主要是由于代理人的行动和随机因素的作用共同决定某些可观测的结果，而委托人只能观测到这些结果，却不能直接观测到代理人的行动和随机因素的作用本身。所以，代理人就有可能站在自己的角度做出一些对人或者是对己都不利的行动。后者则主要是由于代理方通过自己掌握的一些很重要的随机因素的信息，然后基于这些信息，采用相应的行动，但

---

① Akerlof: The Market for Lemons: Quality Uncertainty and the Market Mechanism. The Quarterl Journal of Economics, 1970 (3), pp. 488-500.

是，委托方只看到了代理方的行动并没有掌握这些信息，所以，就会按照自己的想法来采取行动，委托方也可能给代理方提供一些虚假的不真实的信息，所以就会造成不利情况的发生。

3. 信号传递

这种传递主要是指，由于委托人不知道代理人的情况，只有在代理人传出某种关于自身情况的信号后，委托人与代理人之间才签订合同。

信号传递的作用过程通过斯彭斯的劳动力市场模型形象地表现出来。在劳动力市场上，劳动力的能力只有他们自己知道，雇主并不知情。这时可以根据劳动力受交易的水平进行判定，假定劳动者的劳动能力受到教育情况的影响。在进行教育时，必须付出一定的成本，并且要达到同等教育水平时，高能力者付出的成本相对较少。所以，高能力劳动者为了和低能力劳动者区分开来，就会选择接受更高水平的教育，这种高水平的教育就是高能力劳动者向雇主传递的信号，雇主接收到信号后，根据教育水平的差异来对劳动者的能力进行判断，基于此，再作出自己的选择。

4. 信息甄别

信息甄别这个过程主要是指，委托人在对代理人的真实情况不是特别了解的情况下，向代理人提供多个合同，然后，代理人根据自己的情况，对合同进行仔细斟酌和筛选，选取适合自己，对自己有利的合同。

信息甄别理论第一次被系统化应用是在斯蒂格利兹和罗斯查尔德对保险市场进行分析的时候。在保险市场上，只有投保人知道自己的风险状况，所以保险公司在不知情的情况下会为投保人提供一系列的保险类型，供其选择。投保人肯定会根据自身的风险情况选择对自己有利的保险类型。根据保险的类型，投保人私人信息（变现自己风险状况）就会显示出来，从而保险公司就会达到自己的目的——区分不同风险程度的投保人。

二、信息不对称与企业社会责任信息披露

在信息不对称条件下，企业的利益相关者没有办法来对结果进行合理的预期，在决策时只能根据自身的主观判断。然后一些企业为了树立自身的形象和维持或是扩大在市场上的影响力，有时也为了获取更多的利润，就会对一些有关社会责任的信息进行隐瞒或者是有选择性的披露。"逆向选择"和"道德风险"的出现就是由于发行者与投资者之间的信息不对称。

逆向选择出现后，管理者为了自身的形象不致遭到破坏，或者是避免

受到人才市场的威胁，就会有选择性地进行消息的隐藏和披露，使信息的显示都是朝着自己有利的一方面。但是，这样一来，对投资者来说，他们就难以辨别公司经营的好坏，对公司的所有者来说，也不能对公司经营的真实情况进行准确的了解。道德风险出现后，管理者会采取一定的手段对信息进行隐瞒，公司的利益相关者无法察觉和及时地了解，管理者就会逃避自己的责任。在市场上，信息不对称情况是很难彻底消除的，我们只能采取一定的手段来降低这种信息不对称性，例如对企业的信息披露进行强制性的规定。

同样的，在企业履行社会责任的时候，企业和其利益相关者之间对履行的情况也会存在信息不对称的情况。利益相关者由于对企业社会责任的履行情况不能清晰地了解，所以，对企业的实际社会责任绩效不能准确地获得。这时，利益相关者只能根据一般的社会责任绩效，来进行分析、判断，从而进行对产品的认可或者对企业进行投资等活动。这样一来，一些对社会贡献比较大的企业，对社会的付出和社会给予的回报不成比例，就会出现心理不平衡，从而会减弱自身对社会责任方面的投入和付出。然而，对社会责任投入比较少的公司，得到高于自身价值的回报，就会心存侥幸，不会对社会责任贡献更大的力量。这种情况的长期存在，会对整个社会的责任绩效造成影响，使平均水平不断下降，从而形成恶性循环。最终，由于企业不愿承担社会责任，或者只承担很少一部分的社会责任，这样就会对企业的生产经营造成不利的影响，同时也影响环境、经济和社会的可持续发展。

所以，应当加强信息披露的管理，来降低信息不对称情况的发生。

第五节　可持续供应链理论

一、可持续供应链的概念和特点

（一）可持续供应链的概念

市场经济的出现，使人类生产、分配和消费等活动得以实现。而且随着供应链管理的不断发展和完善，企业的生产、储存、运输、包装和配送等活动也朝着合理化和标准化的方向快速的发展。但是，经济系统的发展，使我们的环境、生态系统等正在遭到破坏，资源的枯竭，环境和社会的不平衡等一些问题也随之出现了。可持续供应链管理的思想就是在这种情况下应运而生的。

　　由于对可持续供应链这方面的研究比较少，还处于不断探索和尝试的阶段，所以，学术界对这方面的概念还没有明确的规定。但是不同的专家学者也有自己独到的观点，其中叶勇（2009）认为可持续供应链作为一种现代的管理模式，强调经济、环境、社会三位一体结合，它以绿色环保理念为基础、社会责任为要求，使产品或服务在采购、加工、包装、运输、仓储、消费以及终极产品的处理的整个环节中，实现经济、环境、社会的可持续发展。① 在供应链流程的整个过程中要重视与社会、环境的相互关系，形成供应链、社会、环境三者双向环形结构。本书在该研究基础上进行改进，将供应链置于经济、环境和社会三个维度下进行讨论，如图 2-3 所示：

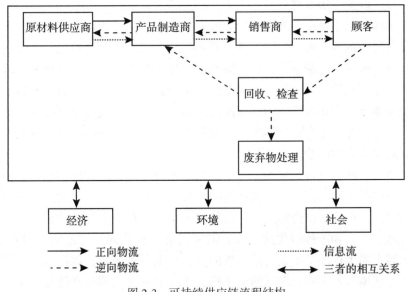

图 2-3　可持续供应链流程结构

　　其中，供应链采用的是经典的从原材料供应商、产品制造商、销售商到顾客的流程结构，其中包含各项物流活动和信息流活动，这些流程和活

————————

① 叶勇：《可持续供应链绩效评价体系研究》，华中科技大学硕士学位论文，2009 年。

动在经济、环境和社会可持续发展条件下协调发展。其中，经济、环境、社会的可持续发展是指：

第一，经济可持续发展。可持续发展的最终目的是为了达到人们的生存需求，以保持经济的持续发展，这是可持续发展的核心内容。促进当前社会经济的迈进，提升人们的生活水平，这是人们生存的努力目标，对于可持续发展也是目标。贫困是可持续发展的首要改善任务，必须考虑周全，由于贫困的出现会大大降低可持续利用资源的能力。当前世界有很多国家是发展中国家，处于贫困状态，生态受到各种压迫，贫困使得生态不断恶化，生态问题也导致贫困问题的加重。因此在发展中国家里，需要大力的发展经济，改善人们的生活质量，在此可持续发展是一个重要性的标志，只有改善贫困问题，才能促进可持续发展。

第二，环境可持续发展。中国是发展中国家，虽然资源还算丰富，但是由于人口比较多，人均资源占有量就比较少。资源的紧缺加上不断恶化的环境，就给中国经济的发展带来了很大的阻力。

环境作为生物生存和发展的空间，是人类赖以生存的基础，同时环境也是资源的载体，所以，促进环境的可持续发展是至关重要的。企业的生产经营会排放大量的废水、废气等废物，环境作为载体，承受这些废弃物的能力是有限的，当经济的快速增长，企业过分追求经济利益，会排放更多的废弃物，当超过环境的自净能力之后，生态系统就会遭到破坏，同时企业的生产经营也会受到影响，进而影响人类的健康和生存，反过来经济的发展也会受到影响。

第三，社会可持续发展。可持续发展本质上是人类如何与自然和谐相处，首先要了解人们在自然和社会的变化规律状态下，如何达到与自然的和谐相处。在此，就必须具有一定的道德标准，让人们能够意识到我们对于自然、社会和子孙后代的责任，需要提高我们共同的可持续发展意识，认识到人类生存环境中人类活动可能会造成的各种影响，以提高当今社会对生存环境与未来社会发展的责任感，让人们都参与到可持续发展中，这也是社会发展的必要条件。在社会可持续发展中做好人口的控制，在这方面有很多发展中国家的人口数量大大地超过了国家资源承载力，这也就使得资源基础不断呈现出下滑趋势，因此人口的控制是全球所应关心的一个共同话题。

（二）可持续供应链的特点

可持续供应链管理其实就是把环保意识和社会责任意识融入到供应链

的各个环节，在整个供应链中，贯穿着人与自然、人与社会的可持续发展的理念。这种管理思想受到越来越多的专家学者的注意，他们在研究过程中，结合多种学科，例如信息管理学、自然科学、社会学等，从不同的角度进行思考。可持续供应链管理的有效实施需要政府相关政策的支持和企业的配合，反过来，可持续供应链管理这种思想又为政府政策的制定，提供了依据和支撑。它与绿色供应链的概念不一样，具体区别如表2-6所示：

表2-6　　　　　　　　可持续供应链与绿色供应链的区别

比较因子	绿色供应链	可持续供应链
制造模式	柔性制造、绿色生产	绿色制造、人性化制造
产生原因	利润空间减少、外部不经济、环境恶化性	生态破坏、社会不公平、企业文化
追求目标	成本最少、收益最大、较高的资源利用率	经济最优、环境相容、社会公平、社会和谐、社会福利
制约因子	生产运营、财务价值、环境	经济、社会、环境
战略意义	实现各环节企业与环境的协调相处	实现经济、社会、环境三者的最优，达到自然、社会的可持续发展

从表2-6中的比较分析可知可持续供应链有如下两个特点：

1. 短期和长期利润的矛盾

如果企业在成本中增加社会责任的成本，即企业在产品数量相同的情况下，单位产品的成本将会提高，所以，在可持续供应链模式下，短期内，企业很难实现利润最大化。

但是，站在长远的角度，用发展的眼光来看，企业通过对社会的发展投入更大的责任，有利于增进社会福利，从而进行公共基础设备的配置等，可以在一定程度上发挥企业的外部经济性，这种发展又会反过来促进企业内部的发展。这种相互促进的发展模式，有利于企业的发展和社会绩效的提高，有利于可持续目标的实现。同时，企业承担更多的社会责任，可以提高企业的品牌形象，从而扩大企业的知名度和社会影响力，从而有利于促进企业的可持续发展。

2. 业绩目标的平衡

由于可持续供应链不同于传统供应链，它同时考虑经济、社会和环境三个维度的可持续发展。所以，企业在生产经营当中，不仅要考虑自然环境、财务业绩、社会等情况，而且还要协调经济、环境、社会目标三者之间的平衡。

二、可持续供应链与企业社会责任信息披露

(一) 成为企业社会责任信息披露的目标来源

构建企业与社会的和谐发展是企业社会责任的本质，可持续发展是企业社会责任的目标。企业社会责任的目标之一就是实现供应链的可持续发展。

企业社会责任主要就是在追求企业利润最大化的基础上，不断地投入社会公益，在自己的能力范围之内，尽力地帮助更多需要帮助的人，促进社会福利的增加，同时也要坚持保护环境和治理环境。

(二) 受到企业社会责任信息披露的影响

战略环境支撑要素的破坏、难以形成战略优势、缺乏战略思想等一些战略问题是可持续供应链面临的主要问题。同时企业社会责任主要就是要解决这些问题。主要体现在以下方面：

第一，企业社会责任为企业带来机遇，增强企业竞争力。

企业通过社会责任的履行，可以增加企业的信誉和品牌形象，从而增加了企业的市场占有率和影响力，扩大了业务量，可以增加更多的收入。同时，软文化实力的提高，还可以帮助企业形成一定的核心竞争力，从而为企业的可持续发展奠定一定的基础。

第二，企业履行社会责任能加大企业的创新力度，形成不断创新的氛围。

传统意义上，企业经营的目标就是股东利润最大化，但是，这种目标的存在，会使企业面对利润的诱惑时，不履行社会责任，以牺牲他人和社会的利益为代价来进行企业的经营。但是，这种情况下，会使社会环境和生态环境不断遭到破坏，最终阻碍自身的发展。但是，在企业社会责任的约束下，企业在发展经济目标的同时，要考虑环境和社会等一些利益相关者的利益，就需要不断地进行生产流程和生产技术的创新，管理流程和管理方法的创新等来满足市场的需求，促进其盈利方式和增长方式的转变。

第三，企业履行社会责任，增加了企业、政府、社会三者之间的良性

互动。

　　企业的经营生产不仅受到自身方面的影响，而且受到其利益相关者行为的影响，所以，企业的发展，必须要兼顾其利益相关者的利益。这样，有利于企业增加自身的影响力和支持率，有利于促进企业的可持续发展。

第三章　可持续供应链信息披露的评价

第一节　可持续供应链信息披露评价的分类

Hubbard 2011 年的一项研究显示，根据可持续供应链信息披露框架对企业社会责任报告信息披露进行研究，得出结论是企业的供应链并不能得到可持续发展，必须进行改进。① 因此，仍然需要继续寻找方法，使企业改善它们的可持续发展措施和绩效的信息披露成熟度。Nidumolu 等人（2009）报告说供应商在一条供应链上使用多达 80% 的能源、水和其他资源。② 尽管如此，波伊克特和萨伊（2010）通过分析化学和制药行业的公司，观察发现"潜在的可持续发展的机遇和风险的意识从供应链管理尚未充分时就已经出现"③。通过这些文献研究，本书将可持续供应链信息披露分为两个类别进行研究：第一，在可持续供应链的信息披露中，不同行业之间的披露级别是否相同；第二，在企业的可持续供应链信息披露的过程中，不同企业的成熟度是否相同。分类的原则和作用如下：

一、宏观层面

从国际水平来看，毕马威事务所（KPMG）从 2011 年开始将中国纳入企业社会责任报告信息披露的衡量范围，在毕马威企业社会责任报告国际调查（2013）中显示，中国 2011 年的整体披露水平是 37%，而当时亚洲的平均水平是 42%，说明中国并未达到平均水平。而到了 2013 年，统计

---

① Hubbard: The Quality of the Sustainability Reports of Large International Companies: An Anaiysis. International Journal of Management, 2011 (3), pp. 824-848.

② Nidumolu R, Prahalad C. K, Rangaswami M. R: Why Sustainability is Now the Key Driver of Innovation. Harvard Business Review, 2009, pp. 57-64.

③ Peukert J, Sahr K: Sustainability in the Chemical and Pharmaceutical Industry: Results of a Benchmark Analysis. Journal of Business Chemistry, 2010 (2), pp. 97-106.

结果显示，中国的披露水平达到 43%，比 2013 年的亚洲平均水平 40% 高出 3%，中国已经超过平均水平。

从行业水平来看，周鲜成（2012）从行业角度入手，研究表明对社会环境影响越大的行业，企业社会责任信息披露率越高，诸如林业、制浆和造纸业为 84%；采矿业为 84%；汽车业 78%。[①] 从增长速度来看，增速最快的有制药、建筑和汽车行业，比三年前各增长了 39%、33% 和 29%。但是，有一些重要行业如运输行业和零售行业，披露率分别为 57% 和 52%，其中零售行业的披露率较低。

在发达国家中，那些对社会和环境影响较大的行业定期披露企业社会责任信息已成为超过 10 年之久的行业规范，主要是希望外界把披露行为本身看作为企业在努力减少对社会和环境相应影响的有力承诺。通过中国的企业社会责任报告对可持续供应链信息披露级别进行评价，可以从中观角度分析行业的可持续供应链信息披露情况。

二、微观层面

胡铃铃（2012）认为企业进行社会责任信息披露的原因主要有三个：道德因素、利益因素和外部压力因素。并通过研究发现，道德因素有很大的局限性，因为这会受企业高层管理者的受教育程度、年龄及个人认识的影响；而从利益因素来看，注重短期利益的企业会选择逃避企业社会责任，而关注企业长期利益的会选择积极承担并披露企业社会责任；外在压力因素对企业社会责任信息披露的作用最显著。[②] 由此可知，通过从企业层面分析可持续供应链信息披露成熟度，可以从微观层面了解企业的可持续供应链信息披露成熟度情况。

第二节　可持续供应链信息披露级别的评价

一、可持续供应链信息披露成熟度级别的评价

在 Hubbard（2011）的研究中表明，可持续发展报告信息披露的质量

[①]　周鲜成：《可持续供应链管理的研究进展及发展趋势》，《湖南商学院学报》2013 年第 3 期。

[②]　胡铃铃：《企业社会责任的驱动机制研究》，湘潭大学硕士学位论文，2012 年。

是不完善的，需要进行改进，并提出一个可持续信息披露级别的评价框架，如表 3-1 所示①：

表 3-1　　　　　　　　　　　**可持续性信息披露级别表**

信息披露级别	可持续供应链	可持续社会发展
L1 定义水平	明确与供应链相关的利益相关者需求 定义关键供应链可持续发展的政策和策略	明确利益相关者的利益需求 制定可持续发展策略 定义关键社会可持续发展属性
L2 测量和管理水平	报告供应链绩效指标和措施 可持续发展问题涉及供应商关系管理	报告企业绩效指标和措施，自我评价和审核
L3 提高和改变水平	基于供应链绩效评估，通过闭环供应链改进计划 考虑社会和环境因素	根据公司绩效评估，为满足主要利益相关者而制订一个改进计划，由第三方执行审计

1 级（定义水平）是检查报告中的可持续供应链、可持续社会发展关键的利益相关者及其需求、可持续发展战略和政策等可持续性属性度量。2 级（衡量和管理水平），企业报告显示可持续发展问题的测量和管理，并对这些过程进行自我评价和审计。3 级（提高和改变水平），企业可持续发展报告中表明如何改进利益相关者的绩效，并且有一个独立的审计机构证明报告的信息和持续改进的可靠性。企业发布的可持续发展报告中社会发展可持续性和供应链发展可持续性信息披露成熟度级别可通过表 3-1 进行衡量。

二、可持续供应链信息披露成熟度级别分析

根据表 3-1 可持续性信息披露级别量表，采用内容分析法对采样企业社会责任报告进行分析。内容分析法是将非定量的文献材料转化为定量的数据，并依据这些数据对文献内容作出定量分析和关于事实的判断和推论。而且，它对组成文献的因素与结构的分析更为细致和程序化，得出采

---

① Hubbard：The Quality of the Sustainability Reports of Large International Companies：An Anaiysis. International Journal of Management，2011（3），pp. 824-848.

样企业可持续信息披露评级表，如表 3-2 所示：

表 3-2　　　　　　　　　　企业可持续信息披露评级表

企业编号	可持续供应链（SCS）					可持续社会发展（SDS）				
航空航天 1-4	L1	L2	L2	L2		L2	L2	L2	L2	
汽车 5-9	L2	L2	L2	L2	L2	L3	L3	L2	L3	L2
建筑 10-14	L1	L2	L1	L1	L3	L3	L3	L3	L2	L3
电子 15-19	L2	L2	L2	L1	L2	L2	L2	L2	L2	L2
能源 20-24	L2	L2	L2	L2	L2	L3	L3	L3	L2	L3
食品 25-29	L2	L1	L1	L1	L2	L2	L2	L2	L2	L3
化工 30-34	L2	L3	L1	L2	L3	L2	L2	L2	L2	L3
制药 35-39	L1	L2	L2	L2	L1	L2	L2	L2	L2	L1
零售 40-41	L3	L3				L3	L3			
通信 42-46	L3	L1	L2	L3	L3	L3	L2	L2	L3	L3

根据行业的 SCS 和 SDS 等级进行归纳总结，并进行百分比测算，如建筑行业 SCS=L3，SDS=L3 的企业只有 1 个，占建筑行业 5 个样本的 20%，以此类推。而所有行业 SCS=L3 的占总体 46 样本个数的 13.6%，以此类推，得出计算结果如图 3-1 社会发展可持续性和供应链发展可持续性信息披露级别所示。

图 3-1 显示，可持续供应链一级的企业占整体样本企业的 27.3%，处于二级的企业比例是 59.1%，处于三级的企业比例是 13.6%。而社会发展可持续性一级的企业比例是 2.3%，处于二级的企业比例是 56.4%，处于三级的企业比例是 41.3%。可以看到社会发展可持续性信息披露成熟度整体高于供应链发展可持续性。这种现象是由于来自国际组织等不同的利益相关者（联合国、世界贸易组织等），非政府组织、政府、媒体和一些投资者巨大的压力，企业通过投资建设社区发展、发展慈善项目等提升企业形象。企业将社会可持续发展性信息披露作为一种营销手段。这与 Du and Vieira（2012）在研究石油公司社会责任实践①时的发现是一致的。

---

① Du S, Vieira E. T. Jr: Striving for Legitimacy through Corporate Social Responsibility: Insights from Oil Companies. Journal of Business Ethics, 2012（4），pp. 413-427.

L3 13.6%			航空航天 汽车 建筑　　20% 电子 能源 食品 化工　　40% 制药 通信　　60%
L2 59.1%		航空航天 75% 汽车　　40% 建筑 电子　　60% 能源　　20% 食品　　40% 化工　　20% 制药　　60% 通信　　20%	航空航天 汽车　　60% 建筑　　20% 电子　　20% 能源　　80% 食品 化工　　20% 制药 通信
L1 27.3%	航空航天 汽车 建筑 电子 能源 食品 化工 制药　　20% 通信	航空航天 25% 汽车 建筑　　20% 电子　　20% 能源 食品　　60% 化工　　20% 制药　　20% 通信　　20%	航空航天 汽车 建筑　　40% 电子 能源 食品 化工 制药 通信
	L1 2.3%	L2 56.4%	L3 41.3%

供应链发展可持续性 ←→ (纵轴)

社会发展可持续性 ←→ (横轴)

图 3-1　社会发展可持续性和供应链发展可持续性信息披露级别

除去航空航天行业样本企业是 4 个外，其他均为 5 个，因此航空航天行业中每个企业占比为 25%，其他行业的企业所占比例是 20%。其中社会发展可持续性和供应链发展可持续性信息披露成熟度都是一级的有一家制药企业，而二者信息披露成熟度都是三级的有建筑企业、化工企业和通信企业。即不同企业的社会发展可持续性信息披露和供应链发展可持续性信息披露成熟度级别不完全相同。

第三节　可持续供应链信息披露评价的意义

一、宏观调控层面

KPMG 报告（2011）[1] 将 34 个国家 CSR 信息披露实践的演变过程量化，从信息的质量和过程的成熟度两个方面对国家质检的信息披露水平进行衡量，并将结果标记在一个二维四象限图中，如图 3-2 企业社会责任信息披露流程和质量矩阵所示：

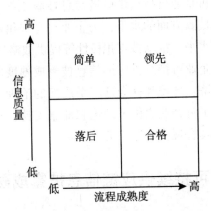

图 3-2　企业社会责任信息披露流程和质量矩阵

在报告中，中国被归于"合格"的象限中，即流程成熟度较高，但信息质量较低。据此推测，中国企业已实施了相应的流程进行管理，但还需要通过提升信息的质量来增强与相关方的信息沟通，这种衡量方法形象地

---

① KPMG International Cooperative：KPMG International Survey of Corporate Responsibility Reporting，2011.

表达出了在企业社会责任信息披露领域中国企业与领先者之间的差距。

企业社会责任信息披露的数量越来越多，质量也逐渐提高，这主要归功于两个方面。一方面是公众的重视程度越来越高；另一方面是政府的推动作用，并且政府的力量占主导地位，尤其是对不同行业的社会和环境实施的不同影响程度的监管政策。图3-2的划分方式同样可以运用到行业水平的分析，根据行业之间可持续供应链信息披露级别的评价结果，一方面政府可以从宏观层面了解中国的企业社会责任信息披露情况，根据这种情况可以进行相应的调控，促进中国各行业的可持续供应链信息披露的良好和健康发展；另一方面有利于各个监管机构，如中国证券监督管理委员会、证券交易所、环境保护部等制定披露政策，完善信息披露制度，为提升企业可持续供应链信息披露水平提供决策依据。

二、企业战略层面

从企业层面分析可持续供应链信息披露成熟度，主要是为企业提供战略依据，具体表现在以下两个方面：

第一，通过分析企业可持续供应链信息披露成熟度，可以体现出各个不同的企业在信息披露方面的水平，为企业自身提供借鉴。为改善信息披露现状，提高披露水平，推动披露积极性等提供战略性参考。

第二，通过对企业可持续供应链信息披露成熟度的分析，可以为投资者展现出企业在经济、环境和社会这三个层面的治理水平、企业绩效等情况，为投资者全面了解企业提供了理论和证据支持，对投资者更有效更全面的进行投资决策具有现实指导意义。

第四节　可持续供应链信息披露成熟度的评价

一、可持续供应链信息披露框架

2008年全球社会责任报告资源中心（Corporate Register）提过一个信息披露的框架，这个框架表明了供应链在不同条件下的可持续发展。①

这个信息披露框架从环境、社会、经济和其他利益相关者的维度来分析企业社会责任报告信息披露情况，其中环境、社会、经济三个维度是指

---

① Corporate Register, http: //www.corporateregister.com/, 2008.

三重底线理论中的环境责任、社会责任和经济责任，其他利益相关者是指除了这三个维度之外的利益相关者，比如非政府组织或非营利组织等。所以主要包括以下内容：第一，环境责任。企业在经营活动中，从事环境保护、治理环境污染及资源利用与节约等活动。第二，社会责任。社会责任具有广泛的内涵，它包括遵守法律、善待员工、提供优质的产品和服务、满足客户的需求等。第三，经济责任。经济责任是指企业的盈利状况，企业盈利是最基本的责任，衡量企业的盈利包括财务指标和非财务指标。第四，其他利益相关者。由于各国对企业社会责任的要求不尽相同，其他利益相关者包括的范围也不尽相同，对于中国来说，关于企业社会责任信息披露并没有受到政府强制性的要求，企业都是自愿性披露，因此，为了从利益相关者维度体现信息披露情况，可采取将非政府组织作为利益相关者纳入企业可持续供应链信息披露框架。如图 3-3 所示：

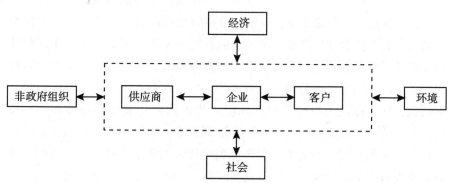

图 3-3　可持续供应链信息披露框架

（一）经济

构建可持续供应链，必须使各环节的参与者有利可图，这是其存在和发展的前提。因此，供应链应当实现两个层次的经济目标：第一，在供应链层次，总体绩效良好，实现利润最大化；第二，在参与者层次，实施科学合理的利益分配机制，使各方得到适当、满意的收益，即具有持久的盈利能力而且盈利能力在链上各环节合理分配。

供应链整体利益最大化是供应链运行的基础，合理的利益分配是保障。尹刚（2003）认为供应链内部应当构建"具有帕累托改进性质的分配机制"①，即每个成员都能获得比不加入时更多的收益，同时还要体现公平合理的原则。在现实中，尽管成员之间是互惠的，然而由于规模、竞争结构、人力资源的素质等各方面的原因，必然会形成势力、地位和角色的差异。基于供应链的特点和实践，供应链合作又不可能像其他类型合作那样，根据最后得到的、看得见的利益进行分配，甚至法律条文也难以厘定利益分割，这就只能通过供应链成员间不断的相互协商和谈判，通过产品或服务的定价在成员间实现利益的分配。因此，考虑到供应链各环节之间的相互作用，必须要依靠公平、合理、科学的利益分配机制来维护和发展供应链成员间的合作关系，以此激励供应链参与者相互协作的积极性，保持供应链的平衡、稳定和竞争力，从而实现可持续发展。

(二) 环境

由于 20 世纪 80 年代以来，全球性的环境保护和永续发展问题成为公众关注的焦点，环境维度下供应链的可持续性因此被提出。1987 年，世界环境与发展委员会（WECD）在《我们共同的未来》的报告中，正式将这种发展模式命名为可持续发展模式，并指出既满足当代人需要也不对后代人的需求产生损害是可持续发展的灵魂。② 这一观点突出地传达出两个基本信息，一方面认为以破坏自然环境为代价的经济发展不是最理想的模式，人类的经济增长应当与外界环境协调发展；另一方面重视后代人的发展机会，提倡当代人的追求需要考虑到后代人的需求。由此可以推断，当资源越来越稀缺的时候，可持续发展战略将影响着企业许多重大的经济决策和经济活动。在可持续发展过程中，企业不应该单纯地追求自身经济利益最大化，被短暂的利益诱惑而破坏环境，或者以资源的浪费、环境的污染等作为追求自身利益最大化的前提。企业需要充分考虑到发展中带来的各种环境风险，保障企业乃至国家、社会的可持续发展。要实现可持续发展，企业就需要对可能会影响和破坏环境的生产发展进行管理，这主要包括：

1. 产品生命周期管理

产品生命周期包括从原材料生产、制造到回收处理的全过程。在产

---

① 尹钢、邓飞其、李兴厚：《基于合作对策的供应链利益分配模型》，《武汉科技大学学报》2003 年第 12 期。

② WECD：Our Common Future or Brundtland Report, 1987.

品设计伊始就应该考虑到所有产品环节可能存在的影响因素，包括材料的回收和循环利用，尽量避免在某一个产品设计环节完成后出现因工艺、制造等因素的制约造成该环节甚至整个设计方案更改的现象出现，应当将材料的生产、产品制造过程和回收再利用同时放入产品设计的影响因素中。

2. 闭环运作的污染管理

绿色供应链中不仅包括普通的原材料、中间产品和产品的流动，还是一种"绿色"的物流活动。这种"绿色"的物流活动主要体现在生产过程中产生的废品、废料，在运输、仓储、销售过程中产生的损坏件及被用户淘汰的产品均须回收处理。绿色供应链是需要不断努力的，是"从摇篮到再现"；当报废产品或其零部件经回收处理后可以适当处理，根据具体情况还可以重新销售、回到制造厂或作为原材料使用。

（三）社会

根据可持续供应链信息披露框架的社会责任含义可知，社会维度下供应链的可持续性体现在以下两个方面：

第一，外部联系，主要是指上游企业与供应商、下游企业与客户之间的管理。在传统的供应商管理模式下，企业都愿意把运作成本转移给上游的供应商。这种管理方式短期内好像是降低了企业本身的运营成本，但从其实质来看，这种行为就好比把钱从一个口袋放入另一个口袋，钱的总数并没有发生变化，运营成本的转移无法降低整个供应链的运营成本，最终仍要反映在商品售价上。由于产品竞争力没有提高，最终受害的仍将是企业自身，所以牺牲供应商伙伴的利益以谋求自身利益的做法，从长远来看始终是不可取的。于是，有战略眼光的企业便开始寻求一种变通的方法，转向实施供应链管理，与供应链伙伴进行运营协作，共同寻找降低运营成本的途径。于是，在这个背景下，供应链管理成为现代供应商管理的平台，而供应商管理就是供应链管理的关键环节，供应商成为企业竞争中的重要战略砝码。

第二，内部联系，主要是指内部员工的管理。供应链产生和存在的本质是为了增强和发展企业的核心竞争力。供应链管理本质是使供应链节点上的相关企业通过建立合作关系充分发挥各自的核心竞争力，形成优势互补，从而更有效地实现客户价值。随着经济全球化进程的推进，企业已经越来越意识到，员工管理在供应链中的重要性。核心竞争力的形成和维持离不开员工，他们掌握的企业核心知识对企业核心竞争力的形成和保持发挥着重要作用。

而员工管理可以看作狭义的人力资源管理，其目的就是组织为了实现其目标，根据其成员的需要，制定适当的行为规范，以实现人力资源的最优配置，达到组织利益和个人利益的一致。员工管理模式是以人本理论为基础、以人为中心的管理活动，这决定了它追求管理活动人性化的特点；而从人力资源管理模式的作用来看，它又强调对人行为的约束。所以，人力资源管理模式一旦形成，它就会指导员工的行为，形成相对稳定的形式后，它就会作用于组织系统本身，使组织系统机能处于一定的状态，进而影响组织的生存和发展。

（四）非政府组织

非政府组织一词指的是除政府之外的其他社会组织，但由于约定俗成，这一概念中并不包括企业等盈利性的社会组织，不包括家庭等亲缘性的社会组织，也不包括政党、教会等政治性、宗教性的社会组织。相对于企业、家庭、政党和教会等社会组织来说，非政府组织往往更具有公共性、民主性、开放性和社会价值导向。所以严格说来，非政府组织这一概念指的是除政府之外的其他社会公共组织。由于中国是自愿性的披露，在企业社会责任报告中，非政府组织的参与表现形式主要是企业社会责任信息披露的各种标准和指引，其中被中国企业运用最多最广泛的主要有以下几个：

1. SA8000

SA8000 是全球首个道德规范国际标准，是保护企业内部劳工的权利，它规定了企业必须承担的对社会和利益相关者的责任。其宗旨是确保供应商所供应的产品，皆符合社会责任标准的要求。SA8000 标准适用于世界各地任何行业，不同规模的公司。其依据与 ISO9000 质量管理体系及 ISO14000 环境管理体系一样，皆为一套可被第三方认证机构审核之国际标准。

2. ISO26000

ISO26000 社会责任标准是国际标准化组织自 2005 年开始起草的第一个国际社会责任标准。根据国际标准化组织决议，ISO26000 将是一个社会责任指导性文件，不用于第三方认证，不是管理体系。标准适用对象包括政府、企业和所有社会组织。根据目前已形成的草稿，标准包括社会责任的 7 个方面内容，即：组织治理、人权、劳工权益保护、环境保护、公平经营、消费者权益保护以及参与社区发展。同时，标准强调任何组织都应通过加强与利益相关方的沟通和交流，全面履行社会责任。

3. GRI

全球报告倡议组织（GRI）最初目的是建立一个指导性框架，保证和帮助企业在 CERES 的原则之下生产更环保的产品。而到 2000 年，全球报告倡议组织发布了第一份指导方针《可持续发展报告指南》，目的是使这种对经济、环境和社会三重业绩的报告成为像财务报告一样的惯例。从此，GRI 也成为企业社会责任报告的重要标准。

二、可持续供应链成熟度评价量表

（一）构建原则与方法

Hubbard 于 2011 年提出了一个可持续发展报告的衡量框架①，如表3-3所示：

表 3-3　　　　　　　　　　可持续发展报告衡量框架表

元素	衡量标准			
经济	销售水平和增长性	边际利润	税前和税后利润	债务/股本、股票市场回报、会计收益、股息收益、现金流、资本投资、生产力
环境	不可再生材料的使用	能源的使用、水的使用	污染排放	生物多样性的影响
员工	机会均等	性别、员工多元化、培训	团体自由、健康安全保障、纠纷处理	人员流动性等
供应商	供应商满意度	采购策略	供应商利益保障	供应商健康和安全绩效、供应商纠纷等

---

① Hubbard：The Quality of the Sustainability Reports of Large International Companies：An Analysis . International Journal of Management，2011（3），pp. 824-848.

虽然这个衡量框架提供了一些衡量的指标，但是并没有提供能够直接衡量可持续供应链信息披露成熟度的方法，本书将结合可持续发展报告衡量框架中的某些指标和模糊综合评价法、能力成熟度模型的方法衡量每个要素的成熟度级别。

1. 模糊综合评价法

模糊综合评价法与现有的其他综合评价法相比，具有评价的结果为集合、适用于定性指标的定量评价、评价结果对评价对象通常具有唯一性三个特点。

评价指标的选择是模糊综合评价科学性的关键。在可持续发展条件下，企业社会责任报告的经济、社会和环境三者协调发展是发展水平的评价指标。并且，对企业而言，需要明确判断报告参考的标准，因为这直接决定报告的整体水平。所以评价指标体系的内容主要从报告参考的非政府组织提出的标准、经济、环境和社会四个方面来考虑，以此形成可持续供应链信息披露指标设计表，如表3-4所示：

表3-4　　　　　　　　可持续供应链信息披露指标设计表

序号	一级指标	序号	二级指标
1	非政府组织	1	使用标准与第三方鉴定
		2	三重底线的使用
2	环境	1	生命周期管理
		2	污染管理
3	社会	1	上下游关系管理
		2	员工管理
4	经济	1	盈利管理（净利润/营业额）
		2	经济价值分配

2. 成熟度评价模型

成熟度评价模型是对管理问题进行体系化分析评价的一种框架，通常是相关领域最佳实践的总结提炼，可用于指导和促进评价对象改进管理，具有全面、系统、可量化的特点。成熟度评价模型最初应用于软件企业包，通过初始级、已管理级、已定义级、可预测级和优化级这五个从低到高的成熟度等级对其进行管理，随着很多软件组织的管理获得成功后，人们逐渐将成熟度框架这种组织开发方法应用于其他领域。

例如在人力资源管理领域中，Bill Curtis（2001）将五个成熟度等级与人力资源管理结合起来，形成人力资源成熟度，如图 3-4 所示①：

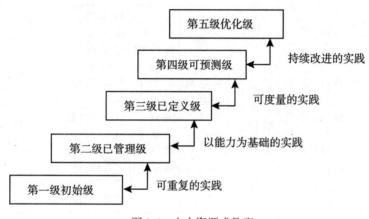

图 3-4　人力资源成熟度

企业可以根据过程的每一成熟度级别检验其实践活动，并针对特定需要建立过程改进的优先次序，每个成熟度级别都提供了一个软件过程的改进层次，因此本书借鉴这五个成熟度等级，将其与供应链可持续信息披露结合起来，形成供应链可持续信息披露成熟度评价量表。

（二）量表的提出

供应链可持续信息披露成熟度评价量表是结合供应链可持续信息披露框架和成熟度评价模型，针对企业社会责任报告，形成可持续供应链信息披露成熟度评价量表，如表 3-5 所示：

---

① Bill Curtis：People Capability Maturity Model. SEI Joint Program Office，2001，p. 18.

表3-5　　　　　可持续供应链信息披露成熟度评价量表

级别	非政府组织（X1、X2）		环境（X3、X4）		社会（X5、X6）		经济（X7、X8）	
	使用标准与第三方鉴定	三重底线的使用	生命周期管理	污染管理	上下游关系管理	员工管理	盈利管理	经济价值分配管理
原始	没有信息披露							
初级	没有使用一个关键标准	单一的底线:只有传统会计绩效指标	只开发和管理前端市场供应链	不能管理能源使用和污染排放	传统的买卖关系,没有任何供应商评估或者发展计划	基本的员工管理系统(健康和安全、培训等)。包括一项行为准则:尊重人权、禁止使用童工	企业不盈利	经济价值信息以股形式只发给股东
中级	三个中任意一个标准	采用两种底线:三重底线中任意两个	供应链管理包括回收管理	恰当的管理污染和能源使用	与上下游合伙人相关的业务评价和开发计划	内部审计关于职业健康和安全计划、童工、人权等	企业的净利润低(大于0%并小于5%的营业额)	奖金、奖励给员工
高级	三个中任意二个标准	三重底线:在所有三个维度的产品形象,但仅限于自身活动	供应链管理包括废弃物管理	全球管理(包括空气、水、土壤)	上下游合伙人根据选定的一标准进行筛选	对员工进行有关职业健康安全计划、童工、人权等方面的思想和程序化培训	企业的净利润平均(大于等于5%并小于10%的营业额)	企业的价值分配用在供应链合伙人的发展(特别是供应商)

续表

	非政府组织 （X1、X2）		环境 （X3、X4）		社会 （X5、X6）		经济 （X7、X8）	
最高级	一到三个标准，并由第三方验证	三重底线:三个维度的产品形象和供应链合作伙人活动的一些指标	采用闭环供应链管理方法,包括材料的回收和再利用	污染和能源使用的管理系统包括可再生能源的创新举措	包括上下游关系管理和运作对社会的影响	终身培训项目并定期审查	企业的净利润高(大于等于10%的营业额)	企业的价值分配用于一个广泛的供应链合作伙人上,包括公平交易

关于表 3-5，管理条件下非政府组织维度的两个标准 X1、X2，最高管理层用于监控供应链绩效，在整个可持续供应链管理中很重要。环境维度注重在整个闭环供应链中涉及环境问题的程度。社会可持续发展分为两类：外部与供应商、客户、社会的关系；内部与员工的关系。经济维度强调经济绩效以及如何与各利益相关者之间进行分配。如表 3-5 所示，四级成熟度分别为"初始"、"中级"、"高级"和"最高级"。用这个表对选择的企业打分，"初始"对应的最低水平，而"最高级"对应的最高水平。每个八元素用 1~4 打分，分别对应"初始"、"中级"、"高级"和"最高级"。得分为 0 表明信息没有披露。

三、实证分析

（一）数据收集方法

1. 研究样本

（1）行业选取。

行业的选取主要因为两个方面，一方面是我国大力发展的行业，另一方面是基于毕马威事务所的全球性调研。

第一，由联合国教科文组织、国际工程与技术科学院理事会和中国工程院联合主办，主题为"工程科技与人类未来"的 2014 年国际工程科技大会在北京人民大会堂举行主旨报告会。中国工程院院长周济在会议上表示中国要优先发展和重点突破 10 个重点产业，包括电子通信、航空、航天、航海、轨道交通、发电与输变电、钢铁冶金、石油化工、家用电器、汽车，以产业发展支撑经济社会的持续协调发展。

第二，1993 年以来，毕马威每三年进行一次全球性调研，分析全球 CSR 报告的现状及最新趋势，调查结果以《全球企业社会责任调查报告》形式公开发布。其中 2011 年调研的样本公司由两部分组成：一部分是包括中国在内的 34 个国家年收入排名前 100 的企业（简称 N100），共计 3400 家；另一部分是《财富》世界 500 强（2010 年）中的前 250 强企业（简称 G250），信息采集期间为 2010 年中至 2011 年中。2011 年公布的《全球企业社会责任调查报告》是中国首次进入毕马威的全球调研，前 100 强的 CSR 披露率已达 60%。其中包括了航空航天行业、汽车行业、建筑行业、电子行业、能源行业、食品行业、化工行业、制药行业、电信行业和零售行业。

（2）企业选取。

选取每个行业企业产值排名靠前的作为样本企业，按照排名编号为 1~44，包括航空航天产业的企业：中国航天科技集团、中国商飞、中国航天科工和中国航空工业集团；汽车行业：上汽集团、北京汽车、长安汽车、东风汽车和一汽轿车股份有限公司；建筑行业：中国中铁集团、中国建筑、中国铁建、上海建工集团和中国交通建设有限公司；电子行业：海尔集团、TCL 集团、中国长城、联想集团和熊猫电子；能源行业：中国只有天然气股份有限公司、中国海洋石油、国家电网、中国神华和中石油化工股份有限公司；食品行业：光明食品、青岛啤酒、娃哈哈、伊利和中国粮油控股；化工行业：湖北宜化、华锦化工、江阴澄星实业集团有限公司、云南云天化和中国化工；制药行业：国药集团、哈药集团、上海医药、扬子江药业和广州药业股份有限公司；电信行业：中兴、大唐电信集团、烽火通信科技股份有限公司、华为和中国普天；零售行业是社会责任信息披露最不完善的行业，产值排名靠前的企业只有华润万家和苏宁进行了信息披露，因此零售行业的数据分析将单独分析。

2. 数据收集

企业社会责任报告基本可以从企业官方网站获取，部分上市公司还可以从上海证券交易所、香港证券交易所、深圳证券交易所的网站下载。与此同时，还采用了《金蜜蜂中国企业社会责任报告研究 2011》（简称"金蜜蜂 2011 报告"）中的相关信息及数据。该研究报告是由《WTO 经济导刊》、责扬天下（北京）管理顾问有限公司和北京大学社会责任与可持续发展国际研究中心共同实施的，是就中国 CSR 报告整体发展状况发布的第三次报告，研究对象为每年在中国大陆发布的 CSR 报告，在一定程度上能够反映中国 CSR 报告的发展水平和现状。

3. 数据分析方法

本书使用 SPSS 20.0 软件对收集到的数据进行统计分析，主要数据分析方法包括：基本描述统计分析、信度分析、内容分析和主成分分析。下面具体解释分析方法及其用途。

可靠性分析（Reliability Analsis），本研究采用 Cronbach's α 值检测数据的可靠性，为下一步的实证分析打下基础。

相关性分析（Correlation Analysis）对两个或多个具备相关性的变量元素进行分析，从而衡量两个变量因素的相关密切程度。对于一个量表而言，每个项目指标之间的相关程度不超过 0.5 是可靠的。

主成分分析（Principal Component Analysis），在对数据进行分析时，除了把相关的问题综合成因子并保留大的因子之外，往往还需要对因子与测度项之间的关系进行检验，以确保每一个主要的因子（主成分）对应于一组意义相关的测度项。为了更清楚地展现因子与测度项之间的关系，需要进行因子旋转。常见的旋转方法是 VARIMAX 旋转。旋转之后，如果一个测度项与对应的因子的相关度很高（>0.5）就被认为是可以接受的。如果一个测度项与一个不对应的因子的相关度过高（>0.4），则是不可接受的，这样的测度项可能需要修改或淘汰。

（二）数据分析

1. 可靠性分析

使用 SPSS 20.0 对数据进行整体可靠性检测，得出结果如表 3-6 所示，Cronbach's α 值为 0.791，表示整体可靠性良好。对各个因素分别进行可靠性分析，如表 3-7 所示。

表 3-6　　　　　　　　　　　　　　整体可靠性分析

Cronbach's α	项数
0.791	8

表 3-7 　　　　　　　　　　　　　　　**变量可靠性分析**

变量命名	题项	删除该项后的 Cronbach's α	Cronbach's α
政府非组织	X1	0.648	0.781
	X2	0.859	
环境	X3	0.828	0.830
	X4	0.835	
社会	X5	0.829	0.834
	X6	0.870	
经济	X7	0.878	0.871
	X8	0.866	

政府非组织、环境、社会、经济四个维度的 Cronbach's α 值分别为 0.781、0.830、0.834、0.871，8 个测量问项均通过了 SPSS 的可靠性分析，表明测量结果可靠。

2. 相关性分析

使用 SPSS 20.0 对相关性分析，结果如表 3-8 所示：

表 3-8 　　　　　　　　　　　　　　　**相关性矩阵**

相关	X1	X2	X3	X4	X5	X6	X7	X8
X1	1.000	0.492	0.417	0.487	0.646	0.392	0.167	0.289
X2	0.492	1.000	0.519	0.541	0.430	0.252	0.304	0.503
X3	0.417	0.519	1.000	0.672	0.303	0.302	0.250	0.343
X4	0.487	0.541	0.672	1.000	0.443	0.307	0.395	0.295
X5	0.646	0.430	0.303	0.443	1.000	0.419	0.170	0.391
X6	0.392	0.252	0.302	0.307	0.419	1.000	0.323	0.359
X7	0.167	0.304	0.250	0.395	0.170	0.323	1.000	0.458
X8	0.289	0.503	0.343	0.295	0.391	0.359	0.458	1.000

根据分析结果可知，X1 到 X8 的变量相关性系数大部分都在 0.2～0.6，说明变量之间存在一定相关性，可以作主成分分析。

3. 主成分分析

运用 SPSS 20.0 对其进行主成分分析，由于样本数量较多，为了突出样本之间的差异，进行上色处理，便于区分，结果如图 3-5 所示：

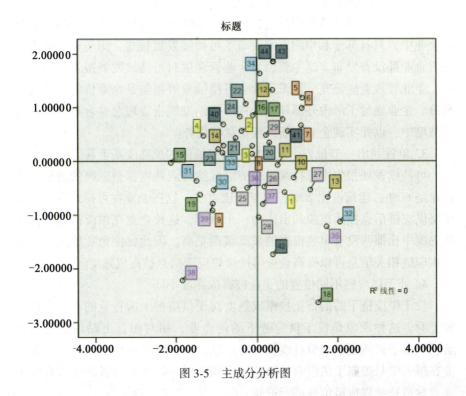

图 3-5　主成分分析图

　　用主成分分析法进行分析，图 3-5 中不同颜色代表不同行业，同一行业的颜色是一致的。图中的数字 1 至 44 对应样本中选取的 44 家企业（见前文），该图中的布点整体集中，却没有任何一个行业和另一个行业的企业是集中分布的。例如航空航天行业的 4 家企业与余下的 8 个行业中的企业都是距离较远，这就说明各个行业的供应链可持续信息披露的成熟度级别不同。

（三）得出结论

1. 我国可持续发展报告信息披露不断完善

从整个发展历程和信息披露的特点来看，我国可持续发展报告信息披露是在不断完善的。主要包括两个原因，第一，各种法律法规的出台，强制性地要求企业进行可持续发展信息披露，特别是上市公司，披露程度为 100%。第二，行业的自愿性。比如 MQI（关键定量指标数据库）提供了一个平台给企业，企业可以上传报告，公众也可以免费进行下载。

2. 零售行业可持续供应链信息成熟度披露最低

零售行业的可持续供应链信息披露是非常不完善的，在零售行业的核心企业中，只有苏宁和华润万家发布了可持续发展报告，国美在线等大型零售企业都没有发布。这主要因为企业管理层对可持续发展报告认识的不足。企业管理者应该充分认识到社会可持续发展报告是企业价值创造的一部分。企业通过了解内外部环境，将可持续发展报告理念整合到企业的经营战略中，以此实现企业创新，获得竞争优势。

3. 单独列出一节报告企业供应链信息披露的成熟度高于其他企业

可持续发展报告中可持续供应链信息披露成熟度都是三级的通信行业占比是60%，建筑占比20%，化工占比40%，这些企业在可持续发展报告中将供应链信息披露单独列出作为一个章节，这种企业在供应链信息披露成熟度中比那些没有单独报告的披露级别更高。因此促使企业单独一章报告供应链相关信息可以提高企业可持续供应链信息披露成熟度。

4. 处于供应链不同位置的企业披露成熟度不同

位于供应链下游的行业披露成熟度高于供应链上游行业的企业，从整体上看，这种现象是位于供应链下游的企业，相对而言更贴近最终消费者，倾向于披露更多的可持续供应链信息。而位于供应链上游的大多数企业在报告中只披露了供应商的筛选和管理问题，因此消费者的压力有助于企业对可持续供应链信息进行披露。

5. 可持续供应链信息披露的标准不统一

尽管有 ISO26000 和 GRI 等标准使可持续发展报告更完善，但是由于行业间的差异性，可持续供应链信息披露的标准不易统一。因此相关部门需要根据行业的特点制定政策，促进位于不同位置的行业对可持续供应链信息进行披露，促进行业整体应对供应链风险的能力。

6. 第三方验证促进企业的可持续供应链信息披露

在所有样本企业中，只要有第三方对报告进行验证，无论是可持续供应链信息披露还是社会可持续性信息披露都要比其他企业的成熟度高。相关部门可以指定第三方对可持续发展报告进行验证，促使企业信息披露成熟度的提高。

第四章　可持续供应链信息披露成熟度与企业社会责任绩效

第一节　企业社会责任与企业绩效

　　研究企业社会责任与企业绩效关系体现的是企业社会责任的"工具性观点"，也就是说企业关注自身是否能通过承担社会责任获取更多的利益。若企业承担社会责任是有利可图的，那么企业会从追求自身利益出发主动承担企业社会责任，这是社会最为期望的。但是如果企业并不能获取利益甚至导致企业绩效降低，那么企业主动承担社会责任的功力就会减少，这种时候对企业产生主动承担企业社会责任的期望是不可取的，应寻求企业外部的制度因素进行约束。因此，企业社会责任与企业绩效关系研究在理论上与实践上都具有重要价值，可以为企业管理者进行企业社会责任实践提供具有说服力的理由，帮助非股东群体与忽视社会相关利益群体的公司决策作斗争。

一、企业社会责任与企业绩效研究综述

　　对于企业社会绩效责任与企业关系的相关研究，主要针对企业社会责任与企业的财务绩效之间的关系研究，该领域积累了非常丰富的理论与实证研究成果，但是在研究结论方面长期以来一直存在较大的分歧，企业社会表现与财务绩效的关系依然含糊不清，不够清晰明确。

　　在理论研究中，Preston 和 O. Bannon（1997）① 曾就企业社会责任与企业绩效关系的各种理论观点作过详细的分析与分类。企业社会责任与企业绩效关系的理论研究，主要有两方面的观点：正相关论与负相关论。

---

　　① Lee E. Preston, Douglas P. O. Bannon: The Corporate Social-Financial Performance Relationship: A Typology and Analysis. Business and Society, 1997（4）, pp. 419-429.

（一）正相关论

这种观点认为企业社会责任与企业绩效之间呈正相关关系，这种研究又可细分为三种观点：

第一种观点认为企业社会责任与企业绩效之间因果关系的作用方向是企业履行社会责任对企业绩效有正向影响。这种观点的基础是社会影响假说，该假说表明企业履行企业社会责任能够满足各方利益相关者的要求，塑造良好的企业外部形象，提高企业声誉，最终带来更多的经济绩效。Cornell 和 Shapiro（1987）认为企业各利益相关者对企业资源的索取权分为显性索取权与隐性索取权，显性索取权成本和隐性索取权成本共同决定了企业的价值。① 若企业表现出不负责任的行为，拥有隐性索取权的利益相关者会对企业是否能够履行约定产生质疑，进而可能会将隐性契约转化为显性契约，使企业的成本增加，诸如订立新的合同、强化监管以约束企业更好履行社会责任等。而那些履行社会责任效果良好的企业，其隐性索取权成本要比其他企业低，因此可以获得更高财务绩效。

第二种观点与第一种观点的因果关系是相对的。第二种观点认为企业社会责任与企业绩效之间因果关系的作用方向是企业绩效对企业履行社会责任有正向影响。这种观点的基础是可利用资金假说，这种假说表明企业可以提供的资源对企业承担社会责任起着约束的作用，表现良好的财务绩效能使企业承担社会责任时拥有更多的资源与资金支持，因此企业绩效会对企业履行社会责任产生正向影响。

第三种观点认为企业社会责任与企业绩效之间关系是正向互相协同的关系，即企业承担社会责任会带来高的企业绩效，而更高的企业绩效反过来又会促进企业更好履行其社会责任。

（二）负相关论

负相关论认为企业社会责任与企业绩效是负相关的，该论断可细分为三种观点：

第一，企业履行社会责任与企业绩效之间的关系是企业承担社会责任

---

① Cornell, Shapiro: Corporate Staeholders and Corporate Finace. Financial Management, 1987（1），pp. 5-14.

会使得企业经济利润下降。企业社会责任与企业绩效之间的因果关系的作用方向是负面的，这种观点的基础是交替换位的假说，这种假说的观点是企业的整体资源是有限的，当企业履行社会责任时，就会占用原本应该使用于股东经济利益上的资源，从而将这种行为认定为不利于股东的活动，企业履行企业社会责任行为倒使得企业运营成本增加、利润率降低，会导致企业在竞争中处于不利地位，最终经济利益下降。

第二，企业履行社会责任与企业绩效之间的因果关系相反，第二种观点认为追求高财务绩效会对企业履行社会责任造成负面影响。这种观点的基础是管理机会主义假说，这种假说表明当企业管理者的报酬与短期利润或股票价格密切相关时，企业的目标是追求自身利益最大化，在财务绩效表现良好时，管理层为了增加短期收益反而会减少对企业社会责任的投入。但当财务绩效表现不佳时，管理层便会通过增加企业社会责任的投入行为来抵消利益相关者的失望情绪并使之合理化。

第三，企业社会责任与企业绩效之间是负向互相协同关系，即认为企业社会责任与企业绩效之间是负相关的，但很难分清谁是因谁是果，彼此互为因果、相互作用、互为反馈。

关于企业社会责任与企业绩效的关系，无论是理论研究还是实证研究都无法获得共同认可的一致结论，但它们之间一定存在某种关系，这反映了企业社会责任与企业绩效关系的复杂性与矛盾性。

二、假设的提出

既然有研究表明企业社会责任与企业绩效之间存在联系，由此可以试想，基于企业社会责任报告的可持续供应链信息披露成熟度与企业绩效之间也存在密切关系。由于前文采取的企业社会责任的利益相关者分类为五种，因此本书就股东、员工、供应商、客户和社区社会这五个企业利益相关者绩效与可持续供应链信息披露成熟度的关系提出假设如下：

H1：可持续供应链信息披露成熟度与股东责任存在正相关关系；

H2：可持续供应链信息披露成熟度与员工责任存在正相关关系；

H3：可持续供应链信息披露成熟度与供应商责任存在正相关关系；

H4：可持续供应链信息披露成熟度与客户责任存在正相关关系；

H5：可持续供应链信息披露成熟度与社区社会责任存在正相关关系。

第二节　指标设计和变量选择

一、指标设计

评价企业社会责任绩效有两种方法，第一种是生育评价法，第二种是利益相关者评价法。一般来说，在国外企业社会责任的典型测量方式是企业声誉测评和 KLD 指引，前者是针对各产业中排名前 10 企业通过企业声誉评级方式以八大评级方式进行分析，后者是对 S&PSOO 和 Domini 指数的650 家企业从企业利益相关者之间的 8 个方面来衡量企业社会责任，其中主要是从社区关系、员工关系、自然环境、产品安全与责任以及妇女和少数民族问题等 5 个方面来衡量公司社会责任。我国因为缺少国外研究使用的类似 KLD 社会资料数据库中的数据而难以量化企业的社会责任，并且本书研究的是企业社会责任信息披露成熟度与企业社会责任绩效的关系。因此，本书将采用利益相关者评价法分别从股东、员工、供应商、客户和社区社会角度，对可持续供应链信息披露成熟度与企业绩效的关系进行分析。

1. 股东社会责任绩效评价

企业对股东最主要的社会责任是实现股东的利益最大化。这种利益最大化的表现就是企业资本的增值、提高股利的支付率、按时兑付股利等。所以选择股利支付率作为衡量股东社会责任绩效的指标，股利支付率是指公司每股股利与每股收益的比值，再乘以 100%，这种反映股东利益的指标越高，说明企业股利的支付能力越强，股东获取利益越多。

$$股利支付率 = \frac{每股股利}{每股收益} \times 100\%$$

2. 员工社会责任绩效评价

企业对员工最主要的社会责任体现在工资的按时支付、薪酬福利的提高、工作环境的不断改善等。其中工作环境的改善不易量化，因此选择员工的收益率作为员工社会责任绩效衡量指标，具体是指支付给员工以及为员工支付的现金与营业收入的比值，企业对员工的收益率指标比值越大说明贡献程度越高。

$$员工收益率 = \frac{支付给员工以及为员工支付的现金}{营业收入} \times 100\%$$

3. 供应商社会责任绩效评价

供应商是向企业及其竞争者提供生产经营所需资源的企业或个人，包括提供原材料、零配件、能源、劳务及其他用品。来自于供应商的原材料数量和质量直接决定着产品的数量和质量，资源的价格也会直接影响到产品的总成本、出厂价格和利润率。在供不应求时，供应商起着决定性的作用。企业与供应商、分销商以及零售商之间的关系，已经不再是简单的业务交易对象，这些主体之间已经达成了利益共享的战略合作关系。

企业对供应商的责任主要体现在伦理责任方面，企业对供应商的应付账款有按时支付的义务，因此选择应付账款周转率作为衡量指标。应付账款周转率可以反映出企业的平均付款期，此指标越大则说明付款速度越快。

$$应付账款周转率 = \frac{销售成本}{平均应付账款} \times 100\%$$

4. 客户社会责任绩效评价

企业对客户的社会责任主要体现在为客户提供质量合格的产品、完善的售后服务保障体系、解决客户的实际问题等。虽然这些现象难以量化，但可以换个角度进行阐释。在企业与客户之间建立了稳定的供销关系基础上，若客户对产品或服务是满意的，那么企业和客户之间就建立了一种和谐的关系。因此选择销售增长率作为衡量指标，即当年销售收入增加额与上年销售收入之比，比值越大说明企业提供的产品和服务越受信赖，公司就既能留住现有客户又可以开发新客户，从而扩大市场占有率。

$$销售增长率 = \frac{当年销售收入 - 上年销售收入}{上年销售收入} \times 100\%$$

5. 社区社会责任绩效评价

企业对社区的社会责任是指企业对所在地政府、社区组织以及全体居民所承担的社会公益责任，它是企业存在的自然根基，也是企业发展的社会根基，例如公益事业和慈善捐赠等，通过社区贡献率作为指标进行评价。社区贡献率是指企业公益支出和捐赠等可计量支出与营业收入的比值，社区贡献率指标值越大表示企业对公益事业、社区发展等的贡献越突出。

$$社区贡献率 = \frac{公益支出和捐赠}{营业收入} \times 100\%$$

二、变量选择

本书研究可持续供应链信息披露成熟度与企业社会责任绩效的关系，因此选择可持续供应链信息披露成熟度 8 个衡量要素作为自变量（X_i，$i=1\sim8$），企业社会责任绩效作为因变量 Y，股利支付率为 Y1，员工收益率为 Y2，应付账款周转率为 Y3，销售增长率为 Y4，社区贡献率为 Y5，如表4-1 所示：

表 4-1　　　　　　　　　　　　　　　　变量选择

变量类型	变量	变　量　说　明
因变量	Y_i	Y1＝每股股利/每股收益×100% Y2＝支付给员工以及为员工支付的现金/营业收入×100% Y3＝销售成本÷平均应付账款×100% Y4＝（本年销售收入–去年销售收入）/去年销售收入×100% Y5＝公益支出和捐赠/营业收入×100%
自变量	X_i	$i=1\sim8$

三、实证分析与结果

1. 样本的选取

由于可持续供应链信息披露成熟度指标有 5 项，每个企业社会责任绩效评价指标有 5 项，计算所有企业二者之间的关系需要几千次的计算，而每一种计算方法和原理都是一致的，因此本书运用简单随机抽样的方法从不同行业中选择企业样本继续分析。

简单随机抽样是随机抽样中的一种抽样方法，它的最大优点是在根据样本资料推论总体时，可用概率的方式客观地测量推论值的可靠程度，从而使这种推论建立在科学的基础上。这种方法就是在总体单位中不进行任何分组、排队等，完全排除任何主观的有目的的选择，采用纯粹偶然的方法从母体中选取样本，从而保证了总体中每个子体的机会完全相等，选出的样本与总体特性接近。一般认为，总体数量/样本数量＝5~10 是合理的范围，排除 46 个企业中数据不全面的情况，剩下的总体样本有 20 个。

由于利益相关者的企业社会责任绩效中涉及的数据广泛，通过企业社会责任报告和财务报表或者年报基本能够收集到数据，但是并不是所有企业进行了财务信息的披露，但是上市企业是一定有相关数据的，因此本书结合简单随机抽样法和数据可获得性原则选择总体中的 4 个企业样本。

2. 相关性分析和假设检验

通过变量的计算结果如表 4-2 所示：

表 4-2 企业利益相关者社会责任绩效表

企业	Y1	Y2	Y3	Y4	Y5
1	1.26	0.15	0.38	0.1	0.14
2	3.14	0.11	0.33	0.11	0.08
3	2.92	0.25	3.56	0.22	0.1
4	0.38	0.03	0.20	0.26	0.06

对应的企业可持续供应链信息披露成熟度如表 4-3 所示：

表 4-3 企业可持续供应链信息披露成熟度表

企业	X1	X2	X3	X4	X5	X6	X7	X8
1	3	3	4	4	4	4	2	2
2	2	2	0	0	2	3	3	2
3	4	4	4	4	4	4	4	4
4	3	4	4	4	2	3	4	2

运用 SPSS 20.0 将样本企业与对应的成熟度水平进行相关性分析，得出结果如表 4-4 所示：

表 4-4 可持续供应链信息披露成熟度与社会责任绩效相关性分析表

变量	X1	X2	X3	X4	X5	X6	X7	X8	Y1	Y2	Y3	Y4	Y5
X1	1	0.853	0.816	0.816	0.707	0.707	0.426	0.816	−0.068	0.625	0.809	0.733	−0.239
X2	0.853	1	0.870	0.870	0.302	0.302	0.636	0.522	−0.463	0.133	0.494	0.866	−0.561
X3	0.816	0.870	1	0	0.577	0.577	0.174	0.333	−0.610	0.182	0.322	0.517	−0.098
X4	0.816	0.870	0	1	0.577	0.577	0.174	0.333	−0.610	0.182	0.322	0.517	−0.098
X5	0.707	0.302	0.577	0.577	1	0	−0.302	0.577	0.143	0.821	0.604	0.047	0.507

续表

变量	X1	X2	X3	X4	X5	X6	X7	X8	Y1	Y2	Y3	Y4	Y5
X6	0.707	0.302	0.577	0.577	0	1	-0.302	0.577	0.143	0.821	0.604	0.047	0.507
X7	0.426	0.636	0.174	0.174	-0.302	-0.302	1	0.522	0.030	-0.019	0.483	0.923	-0.968
X8	0.816	0.522	0.333	0.333	0.577	0.577	0.522	1	0.499	0.838	0.999	0.680	-0.293
Y1	-0.68	-0.463	-0.610	-0.610	0.143	0.143	0.030	0.499	1	0.648	0.520	-0.94	0.112
Y2	0.625	0.133	0.182	0.182	0.821	0.821	-0.019	0.838	0.648	1	0.863	0.181	0.267
Y3	0.809	0.494	0.322	0.322	0.604	0.604	0.483	0.999	0.520	0.863	1	0.645	-0.249
Y4	0.733	0.866	0.517	0.517	0.047	0.047	0.923	0.680	-0.094	0.181	0.645	1	-0.836
Y5	-0.239	-0.561	-0.98	-0.98	0.507	0.507	-0.968	-0.293	0.112	0.267	-0.249	-0.836	1

由上述分析结果可知，X1~X8 分别与 Y1、Y2、Y3 、Y4 、Y5 存在相关关系，除去 Y5 与其他变量呈现负相关关系最显著之外，有少数的负相关关系可以忽略，基本可以认为 X1~X8 分别与 Y1、Y2、Y3 、Y4 存在正相关关系。也就是说，可持续供应链信息披露成熟度与股东社会责任绩效、员工社会责任绩效、供应商社会责任绩效、客户社会责任绩效之间均存在正相关关系，可持续供应链信息披露成熟度越高，相应的利益相关者社会责任绩效越高。而持续供应链信息披露成熟度与社区社会责任绩效呈现负相关关系，持续供应链信息披露成熟度越高，社区社会责任绩效越低。因此，H1、H2、H3、H4 均得到验证，H5 没有得到验证。

也就是说，可持续供应链信息披露成熟度水平与股东社会责任绩效、员工社会责任绩效、供应商社会责任、客户社会责任绩效呈正相关关系，与社区社会责任绩效呈负相关关系，产生这种结果的原因可能有两个方面：第一，数据的不完整。本书的社区社会责任绩效采取的计算方法为社区贡献率=公益支出和捐赠/营业收入×100%，而企业的公益支出和捐赠的很多相关活动无法用数字衡量，在计算过程中存在数据不完整的问题；第二，可持续供应链信息披露成熟度越高，在这个过程中会使社区社会这部分的利益相关者对企业产生不信任，社区社会更关注的是具体慈善行动上，而慈善行动又难以用数字衡量。

3. 线性回归分析

运用 SPSS 20.0 的线性回归分析，得出结果如表 4-5、表 4-6、表 4-7所示：

表 4-5   回归系数及其检验

| 模型 | 非标准化系数 | | 标准系数 | 统计量 | 显著性水平 |
	回归系数	标准误差	试用版		
（常量）	0.109	0.119		0.916	0.378
X1	0.022	0.023	0.324	0.939	0.006
X2	0.009	0.038	0.098	0.239	0.005
X3	0.004	0.013	0.126	0.333	0.005
X4	0.014	0.020	0.261	0.663	0.000
X5	0.019	0.016	0.312	1.172	0.004
X6	0.024	0.033	0.187	0.717	0.007
X7	0.008	0.014	0.175	0.548	0.004
X8	0.028	0.025	0.459	1.133	0.009

t 列为相应的估计值的 t 检验的 T 统计量的值，Sig. 列为相应的显著性值（p 值），显著性值小于 0.05 则说明该系数显著区别于 0，大于 0.05 则说明该项不显著。从表 4-5 可以看出显著性值都小于 0.05，说明系数显著区别于 0。

表 4-6   模型汇总

模型	R	R 方	调整 R 方	标准估计的误差
1	0.891[a]	0.794	0.800	0.05431

a. 预测变量：（常量），VAR00008，VAR00001，VAR00005，VAR00006，VAR00007，VAR00004，VAR00003，VAR00002。

模型中显示线性回归的决定系数，R 方 = 0.794，说明该线性模型可以解释变量的 79.4% 的变差，拟合效果较好。

表 4-7   模型拟合优度检验

模型	平方和	自由度	均方	统计量的值	显著性水平
回归	0.027	8	0.003	1.131	0.009[b]

续表

模型	平方和	自由度	均方	统计量的值	显著性水平
残差	0.035	12	0.003		
总计	0.062	20			

a. 因变量：Y

b. 预测变量：X

表 4-7 的模型拟合优度检验的显著性小于 0.05，表明线性回归模型显著，说明假设结果验证较准确。

第五章　国内外企业社会责任信息披露现状比较

第一节　美国、欧洲、亚洲企业社会责任信息披露现状

随着经济全球化的不断深入发展，企业履行社会责任思想已经为多数国家企业所接受。目前，企业发布社会责任报告的数量与日俱增，根据全球企业社会责任资源网的不完全统计，全球每年发布的企业社会责任报告数量已经由 1992 年的 26 份发展到了 2010 年的 7849 份，全球每年发布的企业社会责任报告数量正处在稳步增长的过程之中。2011 年 11 月，毕马威会计师事务所发布了 *KPMG International Survey of Corporate Responsibility Reporting*（2011），该调查涵盖 3400 家企业，代表着全球 34 个国家的企业领袖，其中包含全球 250 个大跨国企业。通过调查发现有以下趋势：①企业社会责任报告已成为企业的必然工作之一；②通过发布企业责任报告可以提升企业财务价值；③合并报告发展为综合报告；④报告的数据准确性要求不断提高；⑤排名靠前的企业充分利用了外部的鉴证服务。此外，报告还发现，没有披露企业社会责任活动的企业承受巨大的压力，有开始报告相关工作的需要，企业责任报告显得越来越重要。这不仅有助于企业保持竞争力，企业也可进一步了解企业责任活动如何在节省成本和创造商机等方面为企业带来裨益。以下是美国、欧洲（以英国、法国、德国为代表）、日本的社会责任信息披露制度背景、推动力量和披露形式等方面的经验。

一、美国企业

美国作为社会责任会计的发源地，一直走在研究和实践的前沿。20 世纪 70 年代初期，奥斯特斯的专著《企业社会责任会计》掀起了社会责任

会计研究的第一次浪潮，对企业社会责任信息披露的研究作出了突出的贡献。其中，有三个机构推动作用最大。

第一，美国注册会计师协会（AICPA）。它成立了生态环境委员会和社会计量委员会，着手研究社会责任会计的相关问题。1973 年，AICPA 提出，财务报表的目标之一，就是反映那些影响社会而又能被确认、描述、衡量并对企业在其社会环境中所扮演的角色至关重要的企业活动。1977 年美国注册会计师协会发表了《企业社会业绩》的研究报告，该报告提出企业应该对一些重大的社会责任业绩提供报告加以披露，并说明了每一领域应提供何种信息以及信息的作用、来源渠道和报告形式。

第二，美国企业财务报表的管理机构——证券交易委员会。它建议企业增加披露环境保护政策和计划的实际执行情况。以美国经济发展委员会为例，提出企业披露的社会责任会计信息包括企业对经济的增长、教育、职工修养、文化和艺术、医疗、政府等方面的贡献或所尽的责任方面的信息。

第三，美国经济发展委员会。这个机构的一项调查报告指出，企业社会责任披露的信息应当包括：①经济的增长及效率；②教育；③职工的雇佣和培训；④公民权利和就业平等机会；⑤企业所在城市的改造和开发；⑥公害的消除；⑦职工劳动保护和修养；⑧文化和艺术；⑨医疗；⑩对政府的影响等。

美国的社会责任报告划分为描述性报告、定量内容的报告、货币性的报告、部分社会会计报告、全面社会会计报告等 7 类报告。例如，描述性报告就是对企业从事的社会责任活动进行描述性的披露。货币性报告就是使用以货币为主要计量手段来计量企业的社会责任活动，其优点是可以在不同的企业之间进行对比，而缺点是有些社会责任活动无法以货币计量，且没有形成统一的货币化的计量标准。部分社会会计报告只是针对某一个或几个但不全面地社会责任活动进行报告。全面社会会计报告则全面地计量和报告企业的社会活动。

虽然就目前情况看，美国企业的报表数据仍然是不完整的，其中大多数是有关治理环境污染的，仅有一小部分企业公布了有关改善职工生活福利以及对社区的捐献等数据。但总体来看，美国在企业可持续发展报告的信息披露方面的情况走在世界的前沿。

二、欧洲企业

（一）法国企业

法国是一个在政治上具有高度集权传统的国家，法国的法律属罗马法系，以成文法为主要法系，国家在会计规范中起主导作用。法国是西方国家中独树一帜地由政府制定、颁布全国统一的《会计总方案》（PCG）的国家，会计总方案作为会计规范的核心，强调统一性或一致性，体现了大陆法系法典的全面性和统一性。法国的《公司法》、《税法》和《商法》对会计的相关问题都有详细的规定，例如，《公司法》对公开集资的有限责任公司会计信息披露作出了要求，而《商法》则对簿记作出了相应的规定。

早在 1975 年，法国政府在《关于公司法改革的报告》中就建议各家公司每年公布"社会资产负债表"。1977 年以正式法令和政令的形式要求企业实施社会会计，确定"社会资产负债表"的法律地位。随后，社会责任会计报告成为会计报告体系的重要组成部分。在《关于公司法改革的报告》中要求符合标准的企业、组织必须编报年度社会资产负债表。

法国的社会资产负债表具体包括七个方面，主要有雇员人数、工资和有关成本、健康和安全保护、其他工作条件、职员培训、行业关系、雇员及其家庭的生活条件等内容。在具体披露时，这些项目还需要进一步分解成多个详尽的具体指标，反映了法国社会中的福利主义倾向。同时，法国政府还要求企业注意改善生态环境，如：治理废水、废渣、废气，降低资源消耗，减少对稀有资源的耗用及对社会环境治理提供服务和捐赠等。

法国社会责任会计信息披露模式的主要特点体现为：政府在企业实施社会责任会计信息披露过程中起主导作用，通过相关法令和政令予以保证，强制推行企业社会责任会计信息的披露。

法国在企业社会责任会计信息披露实践方面处在领先地位，超前于美国或欧盟的其他成员国，拥有完整的社会责任会计信息披露框架，成为推动社会责任普及的主要国家，也为其他国家发展社会责任提供了有益经验。

（二）英国企业

英国对企业社会责任信息披露最为重视，以 100% 的披露率占据全球榜首，2003 年英国政府专门任命一位部长来负责企业社会责任事务和企业社会责任政策。这种重视程度来源于三个方面：

第一，英国法律的规定。英国的《年金法》、《公司法》等对社会责任信息的披露都有所规范。

第二，证券交易所的约束。约翰内斯堡证券交易所要求在该所上市的所有公司发布综合的可持续发展报告，这份报告要参考全球报告发起者的可持续发展指南。

第三，英国特许公认会计师公会（ACCA）的鼓励。ACCA 成立于1904 年，是目前世界上最大、最有影响力的专业会计师组织之一，在其全球范围的活动和发展过程中积极地促进商业环境的逐步完善和行业规范的建立，鼓励企业建立全面的报告体系，使企业政策实践和业绩更加透明化，强调可持续地发展，关注环境与商业发展的关系。对于那些报告和披露环境、社会或全面可持续发展信息的组织给予认可，鼓励他们建立报告体系，对企业透明度的问题给予足够的认识，公众想了解的不仅限于企业业绩的盈亏问题，他们更希望企业披露其管理模式、活动和肩负的角色，及企业对自然环境和社会的实质影响。因此，ACCA 鼓励企业在经营中提高透明度，从而更好地担负起其社会责任，达到企业自身和社会整体的可持续性发展，ACCA 首次于 1990 年在英国设立环境报告奖，并在其后将该奖推广至全球，先后登陆欧洲、非洲、北美、加拿大及亚太地区。由于财务报告实践中的变化，该奖项现被称为可持续发展报告奖，旨在奖励那些在透明度、环境、社会和可持续发展的报告上表现卓越的公司，设立该奖的目的旨在鉴别并奖励那些在沟通公司绩效方面的创新尝试，但不对绩效本身作出评价。

可持续发展报告奖评价标准的核心内容是：完整性、可信性及沟通性，获奖者表示，通过强调这些关键要素，公司在报告过程中所披露的信息质量得到了很大的提高。从根本上讲，ACCA 的奖励促使企业商业经营活动中可持续发展和实务得到进一步加强。

自可持续发展报告奖设立以来，诸多很有实力的企业参与了这一奖项的角逐，该奖项评委会每年从中挑选出最优秀的可持续发展报告并颁奖，如 2007 年英国电讯获得了可持续发展报告奖的第一名，联合利华则获得第二名，众多企业的积极参与说明可持续发展报告如果应用得妥当，非财务报告同样可以帮助企业抑制弱点、规避道德风险。

就披露形式来说，英国的企业社会责任信息披露是以描述性内容为主的，部分企业也是用增值表。主要有：年度报告之外单独的企业社会责任报告和在年度报告中独立的一个部分。两种媒介虽然形式不同，但企业所披露的内容基本上是一致的。在英国，强制披露的内容包括慈善捐助、员工咨询、南非问题、员工持股比例、残疾员工、员工信息、养老金问题等。自愿披露的内容包括环境披露（环境、资源、健康与安全）、社区披露（社区、慈善、性别问题）、客户披露等。

（三）德国企业

1937 年德国的《股份公司法》表明企业的董事必须将追求股东和员工的利益视为首要任务。许多学者认为这一规定开创了公司法中企业社会责任的先河。

在德国，企业社会责任信息披露主要形式体现在企业的年度报告中，年度报告中有资产负债表、利润表、审计报告和股东报告，其中股东报告包括两部分：第一部分是在报告期间内企业内部和企业外部所发生的重大事件；第二部分就是社会责任报告，包括员工、环境报告等信息。

第一，员工报告。德国的法律对企业提出了要求，需要企业管理层向员工提供必要的信息。最具典型的法律就是 1972 年的《工作章程法》，这项法律第 43 条规定企业管理层至少每年一次向雇员代表报告企业的员工政策、社会政策、经济状况和公司前景。如果有内容涉及企业的商业机密，可以不进行相关信息的披露。第 220 条还规定，企业的经济情况和发展前景需要向员工经济委员会详细地报告。1965 年《公司法》要求在企业的监督委员会中也需要雇员代表，除了董事会的日常报告之外，员工代表可以不定期向董事会提出要求获得相关的信息。

第二，环境报告。德国要求企业的环境信息必须要向政府披露。跟企业社会责任信息披露相关的基本法律是《工商业管理条例》第 16 条，正文内容被 1973 年《环境保护法》所取代。这项条例要求企业对生产运营中会产生的污染进行预测、登记，并进行相关绿色技术的研发以减少污染等。

除了作为年度报告中的一部分，德国企业还采取了三种披露企业社会责任信息的形式：社会责任报表、传统描述性报告、目标社会责任报告。

第一，企业社会责任报表。这类报告是以货币形式表明了企业在污染管理、员工关系、与公众的关系等方面产生的成本和获得的利益。但近些年来，德国企业采取社会责任报表的形式越来越少，主要是因为没有大家公认的对社会福利的计量方法、指标体系。

第二，传统描述性报告。传统描述性报告是收集信息、定期或者不定期公布这些信息的一种披露方式。德国的企业大多数都是采用传统描述性报告进行企业社会责任信息披露。近几十年来，德国的企业就是通过收集不同种类的数据，以传统描述性报告的形式对外披露。这些信息披露最全面的是员工的相关数据，其他方面的有关企业社会责任活动的信息也在逐步地引入到企业社会报告中来。但这种形式有一种缺点，它并没有充分考虑到受众的需求，只是单一地提供可以收集到的尽可能多的社会责任信息。

第三，目标社会责任报告。目标社会责任报告不仅披露了企业从事的详细社会责任活动，还具体列出了企业未来的社会责任目标。例如德国的Metro公司在2006年的社会责任报告中不但详细描述了公司在环境、社会问题、员工等方面的贡献，还展示了公司在未来几年的社会责任目标。这种披露方式的优点是目标明确，例如污染排放量应该降低多少，这种量化了的目标容易达成，却不需要对这些污染排放量产生的社会影响进行计算。因为企业已经成功地降低了污染排放数量，更容易使人了解企业在环境方面所作出的贡献，而对污染排放的社会影响进行计量的方法则会导致大量的争议。通过对比不同企业之间的目标和报告中显示的结果就可以推测企业之间社会责任活动的差异。

三、亚洲企业

日本的企业社会责任信息披露水平达到99%，位居世界领先水平，在整个亚洲范围内具有代表性，中国企业社会信息披露情况是本书研究的重点，因此选择日本和中国作为亚洲的研究代表。

（一）日本企业

日本有一家叫General Press的有限公司，该公司专门发布和统计企业社会责任报告，每一年都会发布《环境与企业社会责任报告书》。根据报告书显示，日本的企业社会责任信息披露表现出三个特点：一是发布的报告名称日益多样化，具体包括有环境报告、环境管理报告、社会环境报告、可持续报告、企业社会责任报告、责任关注报告、社会责任报告以及其他的形式。二是社会责任报告的披露内容也日渐充实，涉及环境信息、社会信息、利益相关者等多方面与企业履行社会责任相关的信息内容。三是在发布社会责任报告的行业中，银行及其他金融行业、保险业、批发业、服务业以及房地产行业发布社会责任报告的公司数量明显增长。这主要有以下几个方面的原因：

第一，完善的企业社会责任信息披露规章制度。在20世纪90年代的时候，日本已经形成了可持续发展的观念，并相继发布了《环境基本法》、《环境基本计划》、《环境影响评价法》等法规，这使得企业在面对环境污染问题时不得不考虑环境污染带来的巨大成本远远高于控制环境污染成本的问题。正是这种规定使得日本企业很早就开始进行企业社会责任信息披露活动，例如1993年由本田汽车公司发布的环境保护报告，以及由东京电力公司发布的环境行动报告。1999年日本发布了《关于环境保护成本的把握及公开的原则》，该原则的作用是指导企业进行环保成本的信息披露。从2000年的第一份官方环境会计报告《环境会计指南》开始，日本相继发布了《环境会计指南》2003年版、2005年版、2007年版，这一系列的指南对环境信息披露的范围、方式、内容等进行了明确和详细的规定，明显地提高了操作的可行性。日本企业的企业社会责任元年被认为是2003年，因为在2003年3月，日本政府内阁发布了《促进可持续社会建设主计划》，并提出目标：到2010年实现50%以上的上市公司和30%的未上市、但员工超过500人的企业发布环境报告。同时，日本企业把企业社会责任的理念向投资方和消费者渗透，表现在组织架构上就是指很多企业成立了专门负责企业社会责任建设的机构，促进企业社会责任活动与其业务活动更好地整合，并还定期发布企业社会责任白皮书，为企业社会责任信息公开和透明贡献了十分突出的力量。

第二，详尽具体的企业社会责任制度体系。日本是亚洲最先倡导"企业社会责任"概念的国家，松下幸之助关于"企业是社会公器"的认识对日本影响很深。由于拥有较为完善的企业社会责任信息披露制度，日本企业在社会责任信息披露的内容上丰富而具体，披露形式上可靠又多样。为了让日本全社会更好地了解日本企业社会责任的履行情况，至今有超过90%的日本企业每年都会发布企业社会责任年度报告，这里面主要是介绍企业的社会责任相关理念、方针、组织和实施的情况等。同时，日本企业为了有效推动企业社会责任的履行，在理念、方针、规划到实施、监督、评价与完善、信息公开等一系列环节上构建了一个完整的企业社会责任推进体系。并且，针对企业社会责任内涵中的每一部分也均形成了一个完整的子系统，比如环境保护，并且还明文规定了相关的内容。由此组成的企业社会责任制度体系，不但形成了企业和员工的公平、公正的约束力，还有利于企业接受社会监督。日本在履行企业社会责任方面，已经形成了组织管理、实施操作以及监督评价三位一体的制度体系，进而能从多个层面保障企业履行社会责任有规划、有管理和有监督地展开。从整体上来看，日本企业社会责任信息披露的内容主要包括产品质量、员工权利、环境保护和社会贡献这四个方面，体现了浓厚的人本思想。

第三，日本企业进行社会责任信息披露监督机构的推动作用。目前日本在推动企业社会责任信息披露的过程中实施了多种形式的社会监督，如会计师事务所、环境检察部门、环境研究所、同业协会中的环境监察委员会、咨询公司等都有积极参与。以日本公认会计师协会为主的日本相关协会、职业团体和研究机构为满足社会需求，都积极开展了与企业环境审计和第三方认证有关的调查研究及实施工作。不少企业就环境管理系统、环境业绩等制定了比较严格的内部审计制度，而越来越多的企业要求由独立的第三方对包括社会责任会计信息在内的企业社会责任信息进行审计鉴定并发表意见，以获得社会公众的认可，树立负责任的企业形象，提升企业经营成果。

（二）中国企业

中国企业社会责任信息披露起步较晚，但仍旧经历了从无到有，从青涩到成长的过程，主要分为以下三个阶段：

第一阶段：1993 年至 2001 年初步形成阶段。这一期间虽然没有明确地提出企业社会责任的概念，但在相关法律中涉及了要求企业承担相应的责任。1993 年《中华人民共和国公司法》总则第 14 条第 1 款规定："公司从事经营活动，必须遵守法律，遵守职业道德，接受政府和社会公众的监督"，并且规定"公司必须保证职工的合法权益，加强劳动保护，实现安全生产"等信息。虽然没有明确说明是企业应当承担的社会责任，但是与企业社会责任的要求基本一致，表明在此时企业社会责任进入了法制化管理阶段。

第二阶段：2002 年至 2006 年企业社会责任自由披露阶段。2002 年 1 月由中国证券监督管理委员会和原国家经贸委联合发布的《上市公司治理准则》成为我国企业推进公司治理实践的纲领性文件，其中第 86 条指出，"上市公司在保持公司持续发展、实现股东利益最大化的同时，应关注所在社区的福利环境保护等问题，重视公司的社会责任"。

《上市公司治理准则》初步界定了社会责任的内涵和企业应当承担的义务，但并未上升到法律层面。

直到 2006 年《中华人民共和国公司法》规定"公司从事经营活动，必须遵守法律、行政法规，遵守社会公德、职业道德，诚实守信，接受政府和社会公众监督，承担社会责任"。至此，企业社会责任的履行被提到了法律高度，明确地提出了重视公司社会责任的要求，并且对公司社会责任的指向也有清晰的界定。

第三阶段：2006 年至今企业社会责任信息披露逐渐规范阶段。这个阶段的一系列使企业社会责任信息披露得更加规范的法规和指引如雨后春笋般陆续出台，标志着我国企业社会责任信息披露开始进入规范化的轨道。2006 年 9 月深圳证券交易所发布《深圳证券交易所上市公司社会责任指引》，规范和指导了上市公司履行社会责任并自愿披露的相关信息，而在之前上市公司的企业社会责任信息仅仅是融入进了企业年报中，并且内容非常单薄。

《国家电网公司 2006 年联合会发布社会责任报告》翻开了中国企业社会责任信息披露的新篇章，具有里程碑的意义。环境总局发布了《环境信息公开办法（试行）》，鼓励企业自愿披露企业环境信息。在这之后，2007 年深圳证券交易所共有 20 家上市公司相继公布了企业社会责任信息。当时公布的企业社会责任报告，成为当年企业信息披露的一大亮点。2008 年国务院国有资产监督管理委员会发布了《关于中央企业履行社会责任的指导意见》，要求有条件的企业必须定期发布企业社会责任报告。同时，证券交易所又发布了《关于加强上市公司社会责任承担工作的通知》和《上市公司环境信息披露指引》。在各种法律法规的强制性要求上市公司进行企业社会责任信息披露，及企业自愿性信息披露的推动下，据毕马威会计事务所全球调研数据显示，截至 2014 年中国企业社会责任信息披露已经超过 60%。

第二节　企业社会责任信息披露特点

一、欧美及日本企业社会责任信息披露特点

（一）企业社会责任信息披露逐渐走向成熟

从上述西方各国的社会责任信息披露的发展过程看，西方各国非常关注企业的社会责任及其信息披露，都通过法律的形式对社会责任的履行及信息披露加以规范。通过多年的发展，西方各国在社会责任方面的工作取得了很多好的经验。

（二）企业社会责任信息披露的内容呈现多样性

目前，社会责任信息披露最主要的问题是内容和形式存在多样性，按照各国法律法规的要求必须披露的信息存在着很大的差异。从社会责任信息披露的内容来看，主要是围绕社会责任某一方面问题进行披露，而一些国家则是针对社会责任绩效进行披露。从社会责任信息披露的形式看，部分企业是独立发布社会责任报告，另一部分则是在年报中以附件的形式进行披露。

从社会责任报告的深度分析，内容主要是以环境问题和慈善行为为主，涉及的其他社会问题一般包括劳动标准、工作条件以及商业合作伙伴的内容。尽管有很多报告涵盖了财务信息，例如利润率等，但仅有部分报告从可持续能力层面上讨论了商业活动的影响。

（三）披露的形式各不相同

目前，每个国家的企业社会责任信息披露重点是依赖于企业的自愿性，尽管企业的自愿披露有一定的优点，但也存在一系列的问题。从规范化和科学化的角度分析，仅仅依靠自愿性对企业社会责任信息进行披露是不科学的。必须通过制定相应的社会责任信息披露规则，才能使企业社会责任信息披露有序地发展下去。最理想的做法是，在明确要求企业按照相关规定披露企业社会责任信息的基础上，鼓励企业作更多的自愿性披露。

二、中国的企业社会责任信息披露特点

（一）行业增长不均

2011 年，中国证券监督管理委员会《上市公司行业分类指引》在列的13 个行业均不同程度地披露了 CSR 信息，但行业间差异较大。其中，制造业披露率最高，达 51.1%，其次为金融、保险业，达 9.4%（比上年下降了 1.1%）；交通运输、仓储业居第三，达 6.2%。除传播与文化产业与上

年持平外，其他行业均有不同程度的增长。

（二）因股权结构不同的信息披露差异

中国上市公司是可持续发展报告信息披露的主要力量。2011 年，上海证券交易所公司占披露总数的 45.9%；深圳证券交易所占 29.7%，沪深合计 75.6%。与此相比，非上市公司的披露率为 24%。在所有的报告发布主体中，国有控股和民营企业分别占比 54.7% 和 26.8%。

（三）参考信息披露标准的企业增加

在 2011 年披露企业社会责任报告的 817 家中国企业中，62% 说明了披露依据，其中有 21.3% 采用了多种披露标准：以证券交易所相关披露要求为标准的达 42.07%；参考 GRI 的占 18.79%，有 9.12% 的企业参考国务院国有资产监督委员会《关于中央企业履行社会责任的指导意见》，有 7.15% 的企业参考中国社会科学院《中国企业社会责任报告编写指南》，还有的则参考了全球契约、ISO26000，甚至所在行业的指引标准。

（四）极少企业参与第三方鉴证

从鉴证提供方来看，鉴证市场主要是被几大会计专业机构所控制，中国前 100 强企业的可持续发展报告鉴证率仅为 37%。综合所有企业的披露情况，可估计鉴证率是非常低的。

根据上述分析，从发展时间、相关法律和机构、推行手段和影响效果这些方面对上述国家可持续发展报告信息披露特点进行简单的比较，结果如表 5-1 所示：

表 5-1 　　　　　　　　　 **各国可持续发展报告信息披露表**

国家	美国	欧洲			亚洲	
		法国	英国	德国	日本	中国
发展时间	20 世纪 70 年代	20 世纪 70 年代	20 世纪 90 年代	20 世纪 30 年代	20 世纪 90 年代	20 世纪末

国家	美国	欧洲			亚洲	
		法国	英国	德国	日本	中国
相关法律和机构	AICPA、证券交易委员会、经济发展委员会	《会计总方案》、《公司法》、《税法》、《商法》	《年金法》、《公司法》、ACCA、证券交易所	《股份公司法》、《工作章程法》、《工商业管理条例》、《环境保护法》	《环境基本法》、《环境基本计划》、《环境影响评价法》等	《中华人民共和国公司法》、《上市公司治理准则》、《环境信息公开办法（试行）》、《关于中央企业履行社会责任的指导意见》
推行手段	法律强制披露	法律强制披露	国家的履行地位、法律强制披露和ACCA的鼓励	法律强制性披露	超过500人企业强制披露	自愿性披露
影响效果	发布七类社会责任报告	完整的社会责任会计信息披露框架	所有的企业发布社会责任报告	三种披露企业社会责任信息的形式		部分上市企业披露形式不一的社会责任报告

第六章 可持续供应链信息披露对策与建议

根据中国可持续供应链信息披露评价的研究、可持续供应链信息披露成熟度与企业社会责任绩效的相关性分析可知，提高企业社会责任信息披露有助于可持续供应链信息披露成熟度的提高。经过国内外企业社会责任信息披露现状的对比分析，借鉴国外企业社会责任信息披露的成功经验，立足于中国的政治、法律、文化背景，提出完善中国企业社会责任信息披露的主要对策与建议。

一、提高企业社会责任信息披露意识

意识决定行为，企业是社会责任信息披露的主体，企业是否具有社会责任意识及其强弱程度直接关系到企业社会责任信息披露的数量和质量。

员工是企业的最大有机组成部分，提高企业社会责任信息披露的意识一方面可以通过提高员工的社会责任意识实现。从某种程度上说，企业社会责任意识的强弱依赖于员工能否很好地承担社会责任。从中国现有的情况来看，企业员工的社会责任意识并不强烈，还有待提高。因此可以通过一些手段强化企业社会责任意识，诸如组织社会责任方面的讲座、通过媒体进行社会责任意识宣传等。并且，大型企业比中小企业拥有的社会资源相对来说较多，企业管理方法较先进，会计核算制度比较健全，员工素质也较高，有足够的能力去承担和披露企业社会责任，因此应当鼓励我国大型企业在企业社会责任信息披露方面发挥更好的示范作用，当好排头兵，营造良好的社会氛围，逐步带动所有企业强化社会责任感，认真履行和披露企业社会责任的相关信息内容。

另一方面，从信息披露的制度上对企业进行约束。企业可以完善信息披露管理制度，建立企业社会责任报告信息披露重大差错责任追究机制，加大对信息披露责任人的问责力度，提高信息披露质量和透明度。例如，在"公司治理结构"部分，企业建立年报信息披露重大差错责任追究制度的情况。报告期内发生重大会计差错更正、重大遗漏信息补充以及业绩预告修正等情况的，应按照相关的信息披露要求逐项如实披露更正、补充或修正的原因及影响，并披露董事会对有关责任人采取的问责措施及处理结果。

二、注重信息披露的充分性

充分性体现在两个方面，一是数量的充分，二是位置的规范性。

第一，利益相关者作出正确的决策依赖于获得的信息达到一定的量，充分性要求信息在量上是充分的，足够作出正确的决策；要求披露义务人严格按照法律规定披露信息，不得遗漏和擅自删减。充分性标准并不意味着披露义务人必须披露所有的信息，只有法律强制要求披露的信息才属于必须充分披露的范畴。在信息披露制度的实施中需要将企业应当披露的信息同属于商业秘密的信息严格区分开来，企业披露的信息只能是相对充分的，是有限度的。过多披露的信息，既会对消费者作出正确有效的决策产生反作用，还会与生产经营者的其他合法权利产生冲突，如商业秘密权。

商业秘密权由《反不正当竞争法》予以规定，指经营者享有的不为公众所知悉，能为权利人带来经济利益，具有实用性并经权利人采取保密措施的权利信息和经营信息。"商业秘密"是很多生产经营者从市场竞争中脱颖而出的主要依仗，如果强制要求生产经营者必须披露所有的商业秘密，会使得依靠商业秘密在市场上取得竞争力的生产经营者失去竞争优势，从而失去进行新技术研发的动力。但是，这并不是说所有的商业秘密都不能进行披露，因为如果这样规定会给生产经营者以"商业秘密"为借口，不向公众披露应当披露的信息。

第二，位置的规范性。我国社会责任信息披露位置分为三个部分，一部分是企业公开在门户网站上；另一部分是上市公司的强制披露，在各个证券交易所；剩下的一部分在各个行业协会，由企业自愿提交公布。其中上市公司的企业社会责任信息披露数量最多，其他的是企业综合管理水平高，绩效好也会自愿披露，但大多数企业都未形成一个信息披露规范。对企业社会责任信息披露的位置进行规范化，有助于企业社会责任信息披露的充分性。

三、保证信息披露的有效性

企业社会责任信息披露的有效性包括两方面的含义，其一是信息的真实性，其二是信息的及时性。

第一，真实性，从字面上理解，是指反映事物真实情况的程度。由此概念引申出信息的真实性，是指信息能忠实、没有错误或偏差地反映其欲反映的现象或者状况信息在消费决策中起着至关重要的作用，真实性是信息应该满足的最基本的标准，利益相关者只有基于真实的信息，才能作出正确的判断和选择。虚假信息的散布者，往往是为了达到一些不可告人的目的，如树立品牌知名度、不正当竞争、牟取不当经济利益等，不但会损害消费者的合法权益，还会扰乱正常的市场经济秩序。

鉴于虚假信息可能为生产经营者带来巨大利益，为保证可持续供应链信息披露的真实性，企业应当提供生产经营者的真实信息，加强道德修养，引入第三方检验可持续发展报告。

第二，任何信息都具有一定的时效性，信息的价值与时间有相当的关联，随着时间的流逝，信息的价值可能会降低甚至消失，滞后的信息对利益相关者决策所起的作用微乎其微。特别是食品会涉及消费者的生命健康，相对于其他行业的信息而言，对食品安全信息的时效性要求更高。如2013年3月爆发的"美素丽儿奶粉事件"，就是因为苏州政府监管部门未能及时发布美素丽儿奶粉存在的问题，使得在生产商被查封的情况下全国各地仍然有很多消费者在继续购买问题奶粉，并给婴幼儿食用，使得问题奶粉造成更大范围、更严重的危害结果。所以企业社会责任信息披露的及时性也是非常重要的，特别是在某些行业，例如食品行业等。企业社会责任信息披露的及时性对企业的披露频率和时限提出了更高的要求，法律法规应当对披露的频率和时限作出最低要求，明确披露义务人拒绝披露或迟延披露应承担的法律责任，并加以严格监管，防止披露义务人为掩盖负面信息而延迟披露。

四、加强信息披露中的可靠性

信息披露的可靠性可以通过高质量的审计表现出来，保护利益相关者的利益。一般来说，知名的审计事务所为了维护其声誉拥有更多的市场占有率，以及保护其声誉获取的审计进行收费。由此分析，在一定的市场环境下，存在着高质量的审计信息的需求与供给。企业通过与知名的事务所合作，就相当于给利益相关者发出一个信号，表明企业的信息是经过验证的，质量可以得到保证，同时也可以保护广大利益相关者的利益。

就中国的目前状况来看，社会责任信息披露质量高的企业一般来说都有更高质量的审计需求，也从侧面反映了企业对投资者具有很强的保护意义，起到了较好的信号传递作用。对于企业而言，得到高质量信息披露的事务所的审计可以降低企业社会责任信息披露的潜在风险，对其保持良好的声誉起到积极作用。

高质量的企业社会责任信息披露具有很强的治理效应。通过审计监督保障企业社会责任信息披露质量，对规范市场起着关键的作用，正是通过高质量的信息披露在投资者与企业之间架起信息沟通的桥梁。相比而言，高质量的事务所为了维护其声誉需要执行严格的审计程序，加上"深口袋"理论的出现，使得经其审计过的信息质量具有很强的可靠性，能够较好地保护外部投资者。

五、建立有效的激励约束机制

一个有效的激励机制能够使企业经营者和所有者的利益统一起来，企业经营者可以努力实现企业所有者的收益即公司市场价值的最大化，并非单纯地追求企业的短期利益，这样做主要是为了吸引最顶尖的人才并且最大限度地调动员工的主观能动性、道德感和责任感，促进企业社会责任信息披露的透明度。

企业的价值除了总资产或股票价值之外，还应该包含发展机会、现在和未来投资的选择、市场占有率以及研究和开发投入等多种因素，这也是自愿性信息披露涉及的主要内容。企业自愿性地进行社会责任信息披露是一种典型的自发性行为，相对于强制性信息披露而言，自愿性地企业社会责任信息披露更具灵活性和可操作性。这是因为企业管理层根据企业社会责任报告受众的需要和企业自身实际情况综合决定是否进行披露，目的是与利益相关者进行充分的信息交流，改进企业与投资者之间的关系，降低经营成本。企业应将企业社会责任信息披露置于战略角度，制定适当的管理战略，这样可以从整体上把握自愿性信息披露，进而有效地服务于企业整体的战略目标。同时企业应重视增加前瞻性信息的自愿披露，突出企业的核心能力和竞争优势，让投资者了解公司的竞争优势和发展前景，对企业的未来更具信心。例如，企业要对预测性信息及承诺持审慎负责的态度，在报告上对公司发展前景、财务和经营状况发布预测时，需要充分考虑到有关政策及市场风险因素。但凡已经公开披露的预测性信息和承诺，经过认定是不能实现或者可能会对市场产生误导的，企业应该及时进行披露，并进行必要的解释和说明。董事会也应以此为依据，对管理层采取一定的鼓励措施，在一定程度上奖励管理层进行企业社会责任信息披露的行为。

　　所以，企业社会责任信息披露激励约束机制的建立需要完善企业的治理结构。一个良好的公司治理结构可以给管理者以适当的约束，促使他们的行为符合股东的利益，并且股东对其经营行为不满意时能够更换不称职的管理者。企业社会责任信息披露可以用来约束管理者偏离股东目标的错误决策行为，并防止管理者恶意侵占股东财富。所以，从法规上允许和鼓励企业司采取各种行之有效的股权激励政策，如经营者持股、股票期权、较高的社会地位和荣誉。同时，建立经营者风险抵押制度，对经营者实行有效的约束。

　　另外，强化外部治理机制。通过激励竞争的外部市场实施间接控制，是对管理者最为有效的激励约束机制，这包括产品市场、资本市场、经理市场、兼并市场等。如若管理者经营不善，在产品市场上公司市场份额会下降，存在被兼并市场上的其他公司接管兼并的风险，而经理市场的竞争会导致管理者失去现有的职位。这些外部市场压力可能驱动理性的管理者为追求自身效用最大化而追求公司价值最大化，从而披露高质量的企业社会责任信息。

六、外部支持体系构建

（一）完善企业社会责任信息披露的相关法律法规

　　伴随中国市场化程度的越来越深，利益相关者对企业的信息需求越来越强烈，单一的强制性信息披露很难适应利益相关者信息需求的变化。为此，有必要建立完善的信息披露制度促进公司信息披露水平，提高信息供给质量，尽可能地减少经营者与利益相关者之间的信息不对称，保障利益相关者公平获取信息的权利，这是促进公司治理的基础条件，也是各部门保护利益相关者权益的重要任务。

　　尽管我国有关法律涉及一些企业社会责任的内容，比如体现在产品质量法、消费者权益保护法、自然资源法、环境保护法、劳动法、社会保障法、公司法、税法等各种法律法规之中，但总体来看我国对企业社会责任的理论研究还不成熟，甚至处于起步阶段，未来在理论领域和实践领域，企业社会责任的理论探讨和法律法规体系构建将面临各种挑战。

　　如果没有相关的法律、法规与制度的强制性要求，大多数企业目前仍然不会为承担社会责任义务买单。即使承担了一定的义务，也都是报喜不报忧。因此，要推动企业社会责任信息披露的发展，建立和完善与企业社会责任有关的法律法规是不容忽视的一个关键方面，散布在有关法律条款中的社会责任远不能满足日益复杂和广泛的企业社会责任问题，也缺乏可操作性。鉴于此，有关部门应该着手从事社会责任的立法工作以及完善相关的法律工作，将社会责任纳入我国的法律构架中，并以此推进企业社会责任的长足发展。

（二） 制定统一的企业社会责任信息披露准则

由于现有的各项法律法规中缺乏统一的企业社会责任信息披露标准，各企业社会责任报告的披露水平参差不齐。在《中华人民共和国公司法》、《上市公司治理准则》等规范中只是对企业履行社会责任进行了总体上的规定，虽然证监会以及上海、深圳证券交易所关于上市公司企业社会责任信息披露的指引相对来说更加具体，但是也存在相应的问题，譬如法律层次较低，适用范围较狭窄等。目前来说我国的企业社会责任信息的披露缺乏像《企业会计准则》这样的国家统一标准对企业进行规范，社会责任信息披露的法律法规体系仍需不断健全完善。

所以，就目前我国的企业社会责任信息披露情况来说，尤其是目前通过企业社会责任报告进行披露的企业越来越多，采取相应的措施对企业社会责任信息披露标准进行统一规定就显得尤为必要。只有通过立法制定统一的披露标准、规定统一的披露模式，各个企业披露信息才会有质和量的提升。

（三） 加强企业社会责任信息披露的监管

企业的各项信息披露状况是投资者保护的关键环节。各项信息披露是整个市场上信息流的源头，企业社会责任信息也不例外，这一源头的数量和质量构成了投资者可获得信息的总集，直接约束着投资者可利用的信息总和。而信息披露中的信息流通则是将初始信息向投资者传递的重要途径，决定了投资者最终获得总体信息数量。但在实践中，企业社会责任信息披露总会受到各种各样因素的影响，无论在数量上还是质量上，或者是信息流通中都存在一定的问题，并会影响投资者最终接收到的信息总量。

从理论、经验及大量的实证研究来看，信息披露监管的强度与信息披露状况有着紧密的联系，因而，强化信息披露监管是保障信息披露的数量和质量以及信息流通畅通的外部条件，是提高企业社会责任信息披露的基本保障。

对企业社会责任信息披露进行监管可以有效地降低由于外部性因素带来的风险，从而提升对各个利益相关者的权益的保护力度。按照经济学的理论，外部性通常指的是一种技术上的外部性，这种外部性会真正威胁社会帕累托最优的实现。技术的外部性是指某种消费活动或生产活动对消费者的消费函数或生产者的生产函数的间接影响，这种间接性指的是其影响的对象不是从事这一经济活动的厂商，而是其他厂商，且这种影响并非通过价格系统发挥作用，当这种间接影响的效果不佳时，外部性为负。从技术上的外部性出发，在基于投资者保护的信息披露中，准确、及时、充分的信息披露可以提高信息质量，有助于保障当前投资者和潜在投资者的权益，对投资者保护而言具有正的外部性；反之，则具有负的外部性。信息披露监管就是要保证信息披露的准确性、及时性、充分性，以此来维护投资者的权益。

强化信息披露监管，对企业披露信息的质量提升和利益相关者保护的意义，主要体现在以下几个方面：

第一，信息披露监管可以减少信息不对称和提高市场透明度。由于信息流通不畅，内幕交易盛行，机构投资者和公司内部人通过信息优势攫取超额收益的现象相当普遍。信息披露主体的选择性披露、择优及延迟偏好等主观操纵行为是这些问题产生的重要原因。信息披露监管就是要保障信息披露准则的执行，打击不合规的信息披露行为，通过强制力来维护信息披露的客观性、公正性，保证信息在所有投资者之间均匀分布，改善信息在普通投资者和内部人之间非对称性情况。

信息披露监管的基本功能是通过打击各种不合规的信息披露行为来维护信息披露准则，其中特别重要的一个环节是避免信息披露过程中的各种主观操纵行为，以此来保证企业社会责任信息披露的客观性及公正性，使外部利益相关者能获得与内部人同等的信息，提高市场的透明度。信息披露主体在信息披露中存在的主观操纵行为主要表现在对信息披露的时间、内容及对象上的操纵，分别对应着企业的延迟偏好、择优偏好及选择性披露行为。企业的这些行为会对信息披露质量及信息、披露的公平原则产生潜在威胁，是信息披露监管重点关注的方面。强化信息监管通过加大监管力度及相应的处罚手段使公司主观操纵行为被揭发的概率大大上升，同时配合相应的处罚，增加公司主观操纵信息披露的成本，降低公司主观操纵信息披露的行为，提高市场的透明度。信息披露监管还通过对其他不合规信息披露行为的打击来激励公司提升信息供给的充分性，减少公司与外部利益相关者之间信息不对称的程度，并提高信息披露的客观性，提升信息质量。这样信息能够更充分、有效、及时和无偏地反映到企业价值之中。

第二，信息披露监管可以减少缺乏敏感性信息指引所引发的滞后性。现今，许多成熟的市场已经建立并实施敏感性信息披露的制度，并成为强制性信息披露制度的良好补充，是信息披露制度中必不可少的一个部分。英国、中国香港等国家或地区都已建立价格敏感信息披露制度指南，从而对企业披露敏感性信息进行规范。

第三，信息披露监管可以减少公司信息披露的随机性和不确定性。目前，国内一些企业依然把企业社会责任信息披露认为是一种额外负担，缺乏主动或自愿披露的动力，缺乏严密的监督及严格的规范体系。当缺乏监管也无统一的信息披露规范时，信息披露主体在信息披露的时间、内容及对象的选择上便存在着较大的差异，从而在信息披露过程中出现较大的随机性及不确定性。而当信息披露行为处于严密的监管之下有章可循、有规可依时，信息披露过程中的随机性及不确定性就会大大减少，法规与监管是一个问题的两个方面，两者相辅相成，缺一不可。

第四，信息披露监管可以提高市场效率。实现有效的资金再配置的基本条件包括信息和效率，信息效率越高，资金再配置的效率也就越高。根据有效市场假说理论，信息效率存在三个层次，与信息效率的高低和信息披露、流通的准确性、及时性、充分性以及信息在投资者中的分布直接相关。也就是说，信息披露越准确、及时、充分，在投资者中越倾向于均匀分布，市场的信息效率就越高。相应地，资金的再配置率也更高。倘若信息供给不足，各利益相关者通过其他渠道搜集信息，使得市场交易成本增加，信息不均衡将降低市场效率。强化信息披露监管有助于维护公平的信息披露规则，保障信息披露的准确性、及时性、充分性，降低信息披露中的各种主观操纵行为，保证所有利益相关者公平获得信息的权利，从而有助于市场信息效率的提高。

（四）引导公众对信息披露的认识

关于可持续供应链信息披露的意识，一是意识水平，即人们是否认识到可持续供应链信息披露的存在，以及认识的程度如何；二是行为取向，即人们根据自己的价值判断对可持续供应链披露的信息作出的行为选择。

改革开放以来，特别是进入 20 世纪 90 年代以后，中国在可持续发展报告信息披露方面作出了很大努力，公众的意识也明显增强，但是，从总体上说还有待于提高。具体表现在：企业和学术界对社会责任信息披露的问题关注较多，而普通大众普遍欠缺对企业社会责任信息披露的认识；媒体宣传不够。

此外，网络上关于企业社会责任信息披露的内容不多，未能引起公众的关注。

而在发达国家，由于教育、文化、经济等的发展，公民维权意识比较强烈，企业社会责任信息披露已形成引导世界潮流的绿色文明。这种绿色文明已经成为一股强大的浪潮，对政治、经济和文化生活的各个领域产生冲击。从经济方面来看，发达国家的绿色投资者对企业的环境表现有强烈的兴趣，他们会详细地计算，如果企业受到环保法规处罚或进行污染责任赔偿，他们所要遭受的潜在的经济损失；银行在贷款前会认真考虑企业的环境责任；普通公众在买股票时，会留意公司的环境表现。当普通大众也有了对企业可持续供应链信息披露的要求时，企业为了生存或者保持竞争优势必然会加大可持续供应链的相关努力，更好地对相关信息进行披露。

（五）创造良好的社会信用环境

首先，针对企业社会责任信息披露的真实性，要发展中介市场。中介市场可以建立权威的信息披露质量评价和信息评级制度，通过为利益相关者提供分析结果可以降低信息不对称带来的负面影响，从而帮助利益相关者提供决策依据。另外，市场中介结构定期地对企业信息级别进行判断，并提供具有一定权威性的信息披露质量的评价意见，使利益相关者能够全面地了解企业信息披露的质量。由此，利益相关者可以从信息评级中判断企业社会责任信息披露的真实性。从企业的角度出发，有一个严格的信息评级制度也有助于企业减少信息成本。这对规范企业社会责任信息披露，建立资本市场的信用体系，保护利益相关者权益大有好处。

其次，加强审计对企业社会责任信息披露的审核。对于各种信息披露而言，审计是信息可信性的保障，企业社会责任信息披露也不例外。然而企业社会责任信息披露是否得到审计是由企业自己决定的，鼓励企业对企业社会责任报告进行必要的审计，可以适当地保证其可信性。比如，中国证券监督管理委员会《公开发行证券的公司信息披露的内容与格式准则第2号〈年度报告的内容与格式〉（2007年修订）》第三十三条规定"公司可以编制并披露盈利预测，该盈利预测必须经过具有相关业务资格的会计师事务所审核并发表意见"。但在实践中，一些企业提供的盈利预测与实际业绩相差太远，给利益相关者造成了一定的误导。因此审计的职责非常重要，相关人员的业务素质需要进行提升，从而胜任复杂事项的审核，明确界定公司管理层、审计人员各自的法律责任，既要防止他们串通舞弊，提高企业社会责任信息披露的质量，同时也要追究那些违反职业道德或法律的专业人员的责任。

目前我国行业组织或协会需要发展中介组织，如会计师事务所、律师事务所、信用评级机构、投资银行、证券公司等。第一是开放市场，允许境外的市场中介机构直接在我国市场扎根；第二是促进国内已有的市场中介机构重新整合，这样做的目的是使国内的中介机构达到一定规模，进而与国外市场中介机构竞争，从而发展成覆盖全社会的征信体系和信息共享体系。

（六）发挥媒体的评价和监督功能

发挥媒体的评价和监督功能是企业社会责任信息披露不可缺少的制约因素。可以通过建立社会公信力的评价方法，发挥社会公众的信息质量评价和声誉监督功能，从而促使公众加入到企业社会责任报告信息披露的评价中来。新闻媒体是监督企业社会责任信息披露的重要途径，公众的监督有时候更能发挥评价的作用。新闻人与企业相互沟通能获得更多公众需要的信息，这也对新闻从业人员的整体素质提出了更高的要求，以期望提供更多真实性、客观公众的报道和评论。

媒体可以通过审计、评估、法律等，由监管部门、相关专业自律协会和相关信息使用者三方赋予的不同权重，对其质量进行评价并将结果进行汇总予以公布，从而有利于提高质量。

第七章 案 例 分 析

第一节 企 业 简 介

为了显示本案例的普遍适用性，从两个不同行业各自挑选出了一家上市企业，分别是中国普天信息产业集团公司和湖北宜化化工股份有限公司，两家公司都是各自行业里的佼佼者。

中国普天信息产业集团公司（简称"中国普天"）是直属国务院国有资产监督管理委员会管理的中央企业，以"通信、信息技术的研发、系统集成、技术服务、产品制造、产品销售、产业投资以及相关的商品贸易"为主业，经营范围涵盖信息通信、广电、行业电子与行业信息化、金融电子、新能源及物联网等产业领域。作为国家创新型高新技术骨干企业，中国普天拥有 5 家上市公司，净资产超过 100 亿元，在京津冀经济圈、长三角、珠三角以及中西部地区均建立了技术研发和产业基地，产品和服务遍及全球 100 多个国家和地区，中国普天"POTEVIO"是国家重点支持出口的知名品牌之一。近年来，中国普天坚持自主创新，持续拓展产业空间，着力提升产业可持续发展能力，不断推进企业由制造、服务向整体解决方案提供商转型。

而湖北宜化化工股份有限公司（简称"湖北宜化"），位于宜昌市，主要经营化肥、化工产品的生产与销售，是湖北省重要的支农骨干企业，是宜昌市发展现代化工业的重要基地，是中国石化行业最具影响力的十大代表企业之一。旗下拥有 266 家法人主体，包含 78 家生产型公司，30 家矿产型公司，79 家贸易型公司，38 家投资型公司，10 家化机公司，16 家房地产公司，4 家酿酒企业，8 家金融服务型公司，2 家超市公司，1 家种业公司，其中两家上市公司（湖北宜化、双环科技），5 家中外合资公司。

第二节 企业社会责任报告整体级别分析

一、中国普天的社会责任报告

中国普天的社会责任报告总共分为 6 大部分。报告一开头主要是公司概况和企业文化以及产业布局等对于企业的总体介绍。第一部分是"社会责任管理",主要描述的是企业的社会责任理念,利益相关方的参与实质性的议题。第二部分是"持续健康的运营",主要讲的是企业合规管理的各种法制建设、风险管控、管理的提升以及企业信息化的建设。第三部分是"创新活力,智慧生活",主要介绍了中国普天的科技创新能力,有什么创新的产品应用于什么地方,产业转型从而优化商业模式以及拓展国际业务。第四部分是"低碳动力,绿色生活"。首先,介绍了企业的新能源汽车,开展电动车网络建设,服务现代绿色城市交通物流。其次,介绍了新能源公务车一体化服务模式以及新能源推广的应用。在不断取得技术创新的同时,普天积极参与新能源汽车行业组织,携手合作,共同促进绿色交通领域的发展。再次,介绍了企业助力绿色城市建设,以及运营中的环境保护,主要是环境管理组织体系以及绿色产品的生产。最后还传递绿色的理念。第五部分是"共享价值,和谐生活"。主要讲的是中国普天对于员工的关爱与共同成长以及与供应商和客户的合作共赢,最终促进社会的公平发展。第六部分是"未来展望",主要是附上了第三方的点评以及全球报告倡议组织(GRI)指标索引。

中国普天的社会责任报告第四部分披露了环境保护情况,提供了相关绩效指标,第五部分是从供应链整体角度出发,考虑了整体社会和供应链的合作发展,并且在第六部分附有第三方鉴证,根据前文所列表 3-1 可持续性披露成熟度级别表进行评级,中国普天的可持续供应链、可持续社会发展均为 L3。

二、湖北宜化的社会责任报告

湖北宜化的社会责任报告首先介绍了企业的基本信息,然后是公司对社会责任的综述情况以及公司履行社会责任的组织构架,介绍得比较粗略。第三部分是公司履行社会责任的组织构架。主要包括:股东和债权人权益保护、职工权益保护以及供应商、客户和消费者权益保护和重视安全生产、切实保护环境，最后是热衷公益事业、用爱心回报社会。第四、五部分是公司在社会责任方面存在的不足以及改进计划。最后一部分是公司社会责任工作展望。在报告中，只说明了简单的绩效指标和供应商管理问题，因此可持续供应链级别为 L2。由于企业是上市企业，审计信息都是由第三方进行鉴定，符合信息披露的相关法律法规，因此可持续社会发展等级为 L3。

中国普天的社会责任报告分析与湖北宜化的社会责任报告分析归纳结果如表 7-1 所示：

表 7-1　　中国普天与湖北宜化企业社会责任信息披露级别对比表

企业	可持续供应链	可持续社会发展
中国普天	L3	L3
湖北宜化	L2	L3

通过分析可知，中国普天在可持续供应链的信息披露方面级别高于湖北宜化，而在可持续社会发展方面，二者级别相当。

第三节　可持续供应链信息披露成熟度对比分析

利用前文所述供应链可持续信息披露成熟评价量表（表 3-5）对两家企业的社会发展可持续性信息披露进行对比，衡量每个标准的成熟度级别。

一、非政府组织

非政府组织的内容体现就是各项标准的使用，第一个级别就是使用的标准，例如 ISO14000、ISO9000、ISO26000 系列等。最原始的是没有信息披露，也就是 0 分；初级的是有提到使用的标准，但是没有使用一个关键标准，得 1 分；中级是 3 个中任意 1 个标准，得 2 分；高级的是 3 个中任意 2 个标准，得 3 分；最高级的是一到三个标准，并由第三方验证，得 4 分。在中国普天的社会责任报告中，提到"本报告参照国务院国有资产监督管理委员会《关于中央企业履行社会责任的指导意见》，参考全球报告倡议组织（GRI）《可持续发展报告指南》（G3.1、G4）和《中国企业社会责任报告编写指南（CASS-CSR 3.0）》及《ISO26000 社会责任指南（2010）》"。并且报告的最后，还有工业和信息化部科技司副司长以及国务院国资委研究局副局长作为第三方的点评，因此在该级别中中国普天是最高级，得 4 分。而在湖北宜化的社会责任报告中，提到"在合法合规方面，我们严格按照国家和地方相关法律法规和行业标准实施安全管理，履行自己的职责，通过了 ISO 三体系资格认证，坚持体系化建设；开展安全标准化建设，实施标准化管理"。但是并没有第三方认证，因此在该级别中湖北宜化是高级，得 3 分。

管理方面的第二个级别就是三重底线的使用情况，例如绩效管理（经济底线、环境底线、社会底线）。最原始的是没有信息披露，也就是 0 分；初级的是单一的底线：只有传统财务会计绩效指标，得 1 分；中级的是采用两种底线：三重底线中的任两个，得 2 分；高级的是三重底线：在所有三个维度的产品形象，但仅限于自身活动，得 3 分；最高级的是三重底线：三个维度的产品形象和供应链合伙人活动的一些指标，得 4 分。在中国普天的社会责任报告中，不仅有传统的财务会计绩效指标，还提到环境中的社会保护问题，报告中称"中国普天始终坚持绿色环保的理念，从自身做起，通过节能设备改造、新技术的研发与引进，逐步控制自身的温室气体排放，同时加强员工环保意识培养，从细节入手，降低企业运营对环境的影响"。中国普天还提到社会责任管理，并声称自己"以追求社会、经济、环境的综合价值贡献为己任，坚持以自主创新推动产业可持续发展，以协作共赢促进产业价值共享，集成科技优势使人们享受更便捷高效、更健康安全的产品和服务"。最后，中国普天还提到了与供应商合作共赢，"建立供应商动态评审考核制度，优化供应商结构规范采购制度与流程，建立社会化采购渠道，促进供应链资源共享，致力于产业链的可持续发展"。因此在该级别中中国普天是最高级，得 4 分。而湖北宜化不仅提到了经济、环境、社会三重底线，也"建立了健全的供应商管理办法：供应商分类，供应商准入管理，新供应商选择时机，样品评估，正式接纳为合格供应商，供应商动态管理，建立供应商档案，合格供应商名单管理，供应商第二方审核"。因此在该级别中湖北宜化也是最高级，得 4 分。

二、环境

环境方面的第一个级别是生命周期管理，最原始的是没有信息披露，也就是 0 分；初级的是只开发和管理市场前端供应链，得 1 分；中级是供应链管理包括回收管理，得2分；高级的是供应链管理包括废弃物管理，得3分；最高级的是采用闭环供应链管理方法，包括材料的回收和再利用，得4分。在中国普天的社会责任报告中，有一整章都在谈绿色生活，循环经济，并且"中国普天秉承绿色环保的理念，大力开展节能减排宣传工作，推动环保公益活动有序开展，致力于建设成为'资源节约型、环境友好型'企业"。因此在该级别中中国普天是最高级，得4分。而湖北宜化也提出了节能减排，创建绿色宜化的口号，并且"走出了一条'循环用水、科学用气、综合利用、优化结构'的循环经济新路子"。因此在该级别中湖北宜化也是最高级，得4分。

环境方面的第二个级别是污染管理，最原始的是没有信息披露，也就是0分；初级的是不管理能源使用和污染排放，得1分；中级是恰当的管理污染和能源使用，得2分；高级的是全球管理（包括空气、水、土壤），得3分；最高级的是污染和能源使用的管理系统包括可再生能源的创新举措，得4分。在中国普天的社会责任报告中，"中国普天服务低碳社会的基础在于拥有的信息集成技术。在新能源及节能减排等方面进行前瞻性布局，以创新驱动和两化融合推动中国新能源产业的发展，降低自身对环境的影响，向社会传递绿色理念"，并且一直推广新能源的使用，因此在该级别中中国普天是最高级，得4分。而湖北宜化在该级别中，仅仅只是开展末端治理，投资在各大工业园区建设了污水生化处理系统，因此在该级别中湖北宜化是中级，得2分。

三、社会

社会方面的第一个级别是外部、供应商关系管理、客户和社区，最原始的是没有信息披露，也就是0分；初级的是传统的买卖关系，没有任何供应商评估或者发展计划，得1分；中级是与上下游合伙人相关的业务评价和开发计划，得2分；高级的是上下游合伙人根据一定的标准进行筛选，得3分；最高级的是包括上下游关系管理和管理运作对社会的影响，得4分。中国普天不仅"依托网络、信息技术和销售平台，建立了三位一体（售后服务中心、事业部、办事处）客户服务体系，满足客户不同服务需求，建立供应商动态评审考核制度，优化供应商结构规范采购制度与流程，建立社会化采购渠道，促进供应链资源共享，致力于产业链的可持续发展"。而且还"以热心公益、回报社会作为企业社会责任的重要内容，致力于捐资助学和低碳环保两个领域的公益慈善活动，开展形式多样的志愿服务，为社区发展提供有效支持"。因此在该级别中中国普天是最高级，得4分。而湖北宜化在该级别中，仅仅只是建立了供应商管理办法，因此在该级别中湖北宜化是中级，得2分。

社会方面的第二个级别是内部员工管理，最原始的是没有信息披露，也就是0分；初级的是基本的员工管理系统（健康和安全、培训等），包括一项行为准则；尊重人权、禁止使用童工，得1分；中级是内部审计关于职业健康和安全计划、童工、人权等，得2分；高级的是对员工进行有关职业健康和安全计划、童工、人权等方面的思想和程序化培训，得3分；最高级的是终身培训项目并定期审查，得4分。中国普天不仅通过各级领导和邀请行业专家授课、专业机构培训、普天网络培训学院、内部分享交流平台进行员工培训，还坚持"沟通、执行、业绩"为核心的企业文化，坚持以人为本，积极推进员工民主管理，大力实施员工素质工程，关注员工职业发展与生活质量，致力于实现员工与企业协同成长。因此在该级别中中国普天是最高级，得4分。而湖北宜化也"针对不同层次人员，建立了专业化的岗位培训通道，有的放矢地进行员工培训。持续开展培训达十万人次，涉及班中培训、专题培训、新工培训、现场培训、外来人员培训等多项培训，通过培训提高了员工工作技能。同时，公司积极联系培训机构为员工提供了继续教育、职业资格培训鉴定等服务，为员工个人发展、职业晋升提供了畅通渠道"，因此在该级别中湖北宜化是高级，得3分。

四、经济

经济方面的第一个级别是盈利管理（净利润/营业额），最原始的是没有信息披露，也就是0分；初级的是企业不盈利，得1分；中级是企业的净利润低（大于0%并小于5%的营业额），得2分；高级的是企业的净利润平均（大于等于5%并小于10%的营业额），得3分；最高级的是企业的净利润高（大于等于10%的营业额），得4分。中国普天2013年实现营业收入644亿元，净利润10亿元，因此在该级别中中国普天是中级，得2分。而湖北宜化则没有信息披露，因此在该级别中湖北宜化是最原始的，得0分。

经济方面的第二个级别是经济价值分配管理，最原始的是没有信息披露，也就是0分；初级的是经济价值以股息形式只发给股东，得1分；中级是奖金、奖励给员工，得2分；高级的是企业的价值分配用在供应链合伙人的发展（特别是供应商），得3分；最高级的是企业的价值分配用于一个广泛的供应链合伙人上，包括公平交易，得 4 分。中国普天的社会责任报告中有一章就是"共享价值，和谐生活"，其中包括"员工共享成长、更满意的客户服务、供应商合作共赢、推动地方发展以及促进社会公平"。因此在该级别中中国普天是最高级，得 4 分。而湖北宜化在此级别中，提到"充分运用绩效考核体系，以先进的绩效管理手段，以绩效决定薪资水准，以绩效决定升迁奖罚，坚定不移地对优秀人才实施倾斜激励政策，鼓励员工积极创造价值，建立了员工与公司分享价值创造、分享回报的氛围"。因此在该级别中湖北宜化是中级，得 2 分。利用供应链可持续信息披露成熟评价量表对中国普天和湖北宜化的社会发展可持续性信息披露进行评价、分析，整体得分结果如表 7-2 所示：

表 7-2　　中国普天与湖北宜化可持续供应链信息披露成熟度对比表

企业	中国普天		湖北宜化	
非政府组织	4	4	3	3
环境	4	4	4	2
社会	4	4	2	3
经济	4	4	0	2

很明显可以看出，中国普天在非政府组织、环境、社会和经济四个维度的信息披露成熟度均高于湖北宜化。这是因为中国普天在企业社会责任报告中将可持续供应链信息披露单独列出作为一个章节，这种企业在供应链信息披露成熟度中比没有单独报告的披露级别更高。

原因之一是因为位于供应链下游的企业可持续供应链信息披露成熟度高于供应链上游行业的企业。因为中国普天的通信制造行业，企业生产的产品相对而言是更贴近最终消费者的，倾向于披露更多的可持续供应链信息。而位于供应链上游的企业，如湖北宜化，生产的许多化工产品基本需要进行多次加工和生产才能形成最终产品而进入消费者手中。由此可知，消费者的压力有助于企业对可持续供应链信息进行披露。

第四节　可持续供应链信息披露成熟度提升对策

由于湖北宜化在可持续供应链信息披露级别和可持续供应链信息披露

成熟度的评价水平偏低，以下将提出相关对策提高企业的信息披露水平，主要包括这样几个方面：

一、提高可持续供应链信息披露级别

（一）提高绩效指标披露的全面性

湖北宜化仅仅披露了公司1年内经济绩效指标，包括总资产、净资产和总股本的增长，实现资产保值增值是企业的基本责任。而中国普天对企业近5年的核心绩效变化情况进行了详细的图文分析，从"创新活力，智慧生活"、"低碳动力，绿色生活"、"共享价值，和谐生活"三个层面充分展现了企业坚持以创造经济、环境和社会综合价值为目标，加大了社会责任核心指标披露的深度与广度，加强了企业社会责任核心绩效的可比性。

绩效指标的全面性是指经济绩效指标、社会绩效指标和环境绩效指标三个方面的信息披露，提高绩效指标披露的全面性有利于各利益相关者了解企业的经济情况，并根据相关信息作出相应的反应。

（二）增强可持续供应链信息披露的战略意义

湖北宜化仅仅披露了供应商的管理情况，并且只采用了简单几句话的定性描述，中国普天采用章节内容进行全面阐述，二者在可持续供应链上的战略定位的差异十分明显。企业应当重视可持续供应链信息披露的战略意义，将企业的资源优势与全球资源整合，与客户、伙伴一起，开放合作，共建世界生态圈，推动供应链和谐共赢、持续健康的发展。可持续供应链信息披露主要包括以下内容：

第一，标明对待员工的态度。保障每一名员工的健康和安全是企业正常运作的前提，企业对员工的安全保障、薪酬水平以及其他福利待遇的信息披露能够展现企业的人性化管理。

第二，披露和谐共赢的产业链。这是企业的基本目标，将可持续发展要求融入到端到端的供应链管理流程，推进低碳高效的供应链建设，为供应商带来价值。

第三，展现为社区发展作出的贡献。企业对社区的贡献可以促进就业和增加税收，并贡献于社区慈善事业；严格遵守联合国全球契约十项原则，坚持诚信合规经营，做负责任的及受各地尊重的企业公民。

二、完善可持续供应链信息披露管理制度

（一）完善公司信息披露的相关政策制度

湖北宜化在各个维度的评分整体偏低是因为企业社会责任信息披露并未形成规范，需要完善企业信息披露的相关政策制度。可以通过建立包括《投资者关系管理工作制度》、《信息披露管理制度》、《员工保密及竞业禁止暂行管理办法》、《重大信息（事项）内部报告制度》、《分子公司信息上报管理制度》等各项涉及信息披露和信息报送相关管理制度，其中《员工保密及竞业禁止暂行管理办法》对《信息披露管理制度》作了补充，全面规范了保密信息的安全保密工作，包括保密信息的内容、保密措施、泄密责任、弥补措施等条款，并和相关人员签订了保密协议。保证信息披露渠道畅通，开辟多种沟通渠道保障公司信息披露质量。

（二）建立专业的管理体系

企业通过优化可持续发展管理体系，推动管理流程融入到业务运作中，使其得到贯彻实施，企业的经济、环境和社会在供应链上的运作将得到协调。湖北宜化在经济维度和环境维度的评价结果不够理想，原因之一就是没有建立一个专业的管理体系。

建立专业的管理体系包括开发成熟度评估工具，全面评估可持续发展各领域的成熟等级，从而找出改进点，推动业务优化。扎实的专业能力是做好可持续发展工作的基础，例如启动"可持续发展金种子"培训项目，提高各级员工的意识和能力，打造领先的可持续发展文化；举办可持续发展大会，全方位加强利益相关方沟通，了解行业可持续发展趋势和要求，搭建起利益相关方沟通与经验分享的平台，共同探讨可持续发展方向，加强可持续供应链信息披露。

（三）加强可持续供应链的信息披露流程管理

把可持续发展要求融入到采购全流程中，包括供应商认证、选择、评估、绩效管理、采购履行、供应商退出等，有利于加强可持续供应链的信息披露。主要包括以下内容：

第一，与客户合作，充分地理解客户的可持续发展要求与期望，将其

更好地融入采购和供应链管理流程，融入供应商生命周期。

第二，与供应商合作，将客户的可持续发展要求和期望向供应商充分传达，并融入供应商的业务流程和日常运作之中。

第三，加强供应商可持续发展评估，推动供应商持续改善，并逐级向下游供应商传递要求，最终贯穿整个价值链。

第四，以最终用户和社会公众的视角，与供应商共同优化双方的流程，将可持续标准和要求融入双方集成的流程，实现流程和系统的有效对接。

第五，与供应商一起参加行业组织，参与行业合作和对话，共同探讨行业可持续发展要求和标准，推动整个行业的可持续发展管理水平。

第六，与内部工程师共同确保产品设计符合循环经济理念。

参 考 文 献

著作

[1] 大卫·威勒、玛丽亚·锡兰帕:《利益相关者公司:利益相关者价值最大化之蓝图》,张丽华译,经济管理出版社1998年版。

[2] 刘俊海:《公司的社会责任》,法律出版社1999年版。

[3] 卢代富:《企业社会责任的经济学语法学分析》,法律出版社2002年版。

[4] 张晓山、杜志雄、檀学文:《可持续食品供应链:来自中国的实践》,黑龙江人民出版社2009年版。

[5] BSR. Supply Chain Sustainability: A Practical Guide for Continuous Improvement, UN Global Compact, New York, 2010.

[6] Carroll, ArchieB, Buchholtz, Ann K. Business and Society: Ethics and Stakeholder Management. Cincinnati, Ohio: South-Western Publishing Co, 2000.

[7] Christopher. Logistics and Supply Chain Management. London, 1992.

[8] Drucker, Peter F. Management: Tasks, Responsibilities, Practices. London: Pan Books Ltd, 1979.

[9] Elkington, J. Cannibals with Forks: The Triple Bottom Line of 21st Century Business. New Society Publishers: Vancouver, BC, Canada, 1998.

[10] Elkington. Cannibals with Forks: The Triple Bottom Line of 21st Century Business. Capstone, New Society, Oxford, 1997.

[11] Friedman, Milton. Capitalism and Freedom. Chicago: The University of Chicago Press, 1962.

[12] Oliver Sheldon. The Social Responsibility of Management. The Philosophy of Management, London, Sir Isaac Pitman and Sons Ltd. , first published 1924, reprinted 1965.

［13］ R. Edward Freeman. Strategic Management：a Stakeholder Approach. Englewood Cliffs，NJ：Prentice-Hall，1984.

［14］ Stephen P. Ronbbins. Management Englewood Cliff. NJ：Prentice Hall，1991.

论文

［1］ 曹裕：《基于 TBL 理论的可持续供应链评价》，《系统管理学报》2014年第 5 期。

［2］ 常凯：《经济全球化与企业社会责任运动》，《工会理论与实践》2003年第 4 期。

［3］ 陈志昂、陆伟：《企业社会责任三角模型》，《经济与管理》2003 年第 11 期。

［4］ 戴君、贾琪：《基于结构方程模型的可持续供应链绩效评价研究》，《生态经济》2015 年第 4 期。

［5］ 高尚全：《企业社会责任和法人治理结构》，《中国集体经济》2005 年第 1 期。

［6］ 郭洪涛：《中国企业社会责任比较研究——基于不同所有制的视角》，西南财经大学博士学位论文，2011 年。

［7］ 贺彩虹、周鲜成：《可持续供应链管理的驱动和制约因素》，《湖南社会科学》2013 年第 1 期。

［8］ 胡铃铃：《企业社会责任的驱动机制研究》，湘潭大学硕士学位论文，2012 年。

［9］ 蒋洪伟、韩文秀：《绿色供应链管理：企业经营管理的趋势》，《中国人口、资源与环境》2000 年第 4 期。

［10］ 李正：《企业社会责任与企业价值的相关性研究》，《中国工业经济》2006 年第 2 期。

［11］ 屈晓华：《企业社会责任演进与企业良性行为反应的互动研究》，《管理现代化》2003 年第 5 期。

［12］ 檀学文、杜志雄：《从可持续食品供应链分析视角看"后现代农业"》，《中国农业大学学报》（社会科学版）2010 年第 1 期。

［13］ 王建华：《基于结构熵权法和改进 TOPSIS 法的可持续供应链绩效评价模型与算法》，《中国市场》2013 年第 26 期。

［14］ 许建、田宇：《基于可持续供应链管理的企业社会责任风险评价》，

《湖南大学学报》（社会科学版）2015 年第 3 期。

[15] 徐凯波：《北京绿色物流中可持续供应链的设计及评价体系的研究》，《中国商贸》2011 年第 3 期。

[16] 杨熠：《我国企业对社会责任信息披露的认识和实践》，《审计与经济研究》2008 年第 4 期。

[17] 叶勇：《可持续供应链绩效评价体系研究》，华中科技大学硕士学位论文，2009 年。

[18] 尹钢、邓飞其、李兴厚：《基于合作对策的供应链利益分配模型》，《武汉科技大学学报》2003 年第 12 期。

[19] 闫高杰：《基于三重底线的可持续供应链管理研究》，《物流技术》2009 年第 3 期。

[20] 张荣杰、张健：《可持续供应链管理研究现状综述》，《生态经济》2012 年第 1 期。

[21] 周鲜成、贺彩虹：《可持续供应链企业社会责任协同推进机制研究》，《财经理论与实践》2014 年第 2 期。

[22] 周鲜成：《可持续供应链管理的研究进展及发展趋势》，《湖南商学院学报》2013 年第 3 期。

[23] 周祖城：《中国企业社会责任信息披露的现状分析与对策思考》，《软科学》2007 年第 4 期。

[24] 朱晋伟：《食品企业社会责任信息披露影响因素研究》，《经济与管理研究》2012 年第 5 期。

[25] Zhang Yu Zhou：Supply Chain Optimization of Continuous Process Industries with Sustainability Considerations. Computers and Chemical Engineering，2000（2-7）.

[26] ［挪威］索拉旺·威：《可持续供应链管理模式研究》，《中国流通经济》2008 年第 7 期。

[27] Aiking H，De Boer J. Food Sustainability：Diverging Interpretations. British Food Journal，2004（5）.

[28] Akerlof. The Market for lemons：Quality Uncertainty and the Market Mechanism. The Quarterly Journal of Economics，1970（3）.

[29] Aras Crowther. Governance and Sustainability：An Investigation into the Relationship between Corporate Governance and Corporate Sustainability. Management Decision，2008（3）.

［30］Archie B, Carroll A. Three-Dimensional Conceptual Model of Corporate Performance. Academy of Management Review, 1979 (4).

［31］Abbott, Monsen. On the Measurement of Corporate Soeial Responsibility: Self-Reported Disclosures as a Method of Measuring Corporate Social Involvement. Academy of Management Journal, 1979 (3).

［32］Ballou B. Exploring the Strategic Integration of Sustainability Initiatives: Opportunities for Accounting Research. Accounting Horizons, 2012 (2).

［33］Baumgartner R. J, Ebner D. Corporate Sustainability Strategies: Sustainability Profiles and Maturity Levels. Sustainable Development, 2010 (2).

［34］Beamon B. M. Environmental and Sustainability Ethics in Supply Chain Management. Science and Engineering Ethics, 2005 (2).

［35］Beske P. Dynamic Capabilities and Sustainable Supply Chain Management. International Journal of Physical Distribution & Logistics Management, 2012 (4).

［36］Bill Curtis. People Capability Maturity Model. SEI Joint Program Office. 2001.

［37］Bai C, Sarkis J. Green Information Technology Strategic Justification and Evaluation. Information Systems Frontiers, 2013 (15).

［38］Brian Donnellan. A Capability Maturity Framework for Sustainable Information and Communication Technology, 2011 (1).

［39］BSR. Perspectives of Information Management in Supply Chains. Business for Social Responsibility Report, New York, NY, 2007.

［40］Carter C. R, Rogers D. S. A Framework of Sustainable Supply Chain Management: Moving toward New Theory. International Journal of Physical Distribution & Logistics Management, 2008 (5).

［41］Castka P, Balzarova M. A. ISO26000 and Supply Chains: On the Diffusion of the Social Responsibility Standard. International Journal of Production Economics, 2008 (2).

［42］Cetinkaya B. Developing a Sustainable Supply Chain Strategy. Sustainable Supply Chain Management, 2011 (2).

［43］Charkham J. Corporate Governance: Lessons from Abroad. European Business Journal, 1992 (4).

[44] Clarkson M. E. A Stakeholder Framework for Analyzing and Evaluating Corporatesocial Performance. Academy of Management Review, 1995 (1).

[45] Clarkson M. A Risk-Based Model of Stakeholder Theory. Proceeding of the Toronto Conference, 1994.

[46] Cornell, Shapiro. Corporate Staeholders and Corporate Finace. Financial Management, 1987 (1).

[47] Corporate Social Responsibility. Journal of Business Ethics, 1997.

[48] Courville S. Use of Indicators to Compare Supply Chains in the Coffee Industry. Management International, 2003 (43).

[49] De Man and Burns. Sustainability: Supply Chains, Partner Linkages, and New of Self-Regulation. Human Systems Management, 2006 (1).

[50] Du S, Vieira E. T. Jr. Striving for Legitimacy Through Corporate Social Responsibility: Insights from Oil Companies. Journal of Business Ethics, 2012 (4).

[51] Drum wright ME. Socially Responsible Organizational Buying: Environmental Concern as a Non-Economic bying Criterion. Journal of Marketing, 1994 (58).

[52] Dyllick T, Hockerts K. Beyond the Business Case for Corporate Sustainability. Business Strategy and the Environment, 2002 (2).

[53] Ezutah Udoncy, Olugu Kuan, Yew Wong. Supply Chain Performance Evaluation: Trends and Challenges. American Journal of Engineering and Applied Sciences, 2009 (1).

[54] Eroll Sencer S, Sari R. A New Fuzzy Multi-Criteria Framework for Measuring Sustainability Performanc of a Supply Chain. Ecological Economics, 2011 (6).

[55] Facanha C, Horvath A. Environmental Assessment of Logistics Outsourcing. Journal of Management in Engineering, 2008 (1).

[56] Fleischmann M, H. R. Krikke, R. Dekker, S. D. P Flapper. A Characterisation of Logistics Network for Product Recovery. Omega, 2000 (6).

[57] Field J. M, Sroufe R. P. The Use of Recycled Materials in Manufacturing: Implications for Supply Chain Management and Operations Strategy.

International Journal of Production Research, 2007 (18-19).

[58] Frederick W, C. The Moral Authority of Transnational Corporate Codes. Journal of Business Ethics, 1991 (10).

[59] Gao S. S, Zhang J. J. Stakeholder Engagement, Social Auditing and Corporate Sustainability. Business Process Management Journal, 2006 (6).

[60] GRI. Global Action Network for Transparency in the Supply Chain (GANTSCh) Program. www. Globalreporting. org/resourcelibrary/Global-Action-Network-for-Transparency-in-the-Supply-Chain-Program-Overview. Pdf.

[61] Griffin Jennifer J, Mahon John F. The Corporate Social Performance and Corporate Financial Performance Debate: 25 Years of Incomparable Research. Business and Society, 1997 (1).

[62] Ghoshal S. Bad for Practice: A Critique of the Transaction Cost Theor, Academy of Management Review, 2005 (12).

[63] Handfield R. Integrating Environmental Management and Supply Chain Strategies. Business Strategy and the Environment, 2005 (1).

[64] Hassini E, Surti C, Searcy C. A Literature Review and a Case Study of Sustainable Supply Chains with a Focuson Metrics. International Journal of Production Economics, 2012 (1).

[65] Hemming. Strategies for Sustainable Development: Use of a Benchmarking Tool to Understand Relative Strengths and Weaknesses and Identify best Practice. Corporate Social Responsibility and Environmental Management, 2004 (2).

[66] Henriques I, Sadorsky P. The Relationship between Environmental Commitment and Managerial Perceptions of Stakeholder Importance. Academy of Management Journal, 1999 (1).

[67] Hubbard. The Quality of the Sustainability Reports of Large International Companies: An Analysis. International Journal of Management, 2011 (3).

[68] Hys K, Hawrysz L. Corporate Social Responsibility Reporting. China-USA Business Review, 2012 (11).

[69] Kang. Exploring Sustainability Management for Telecommunication

Services: a Case Study of Two Companies. Journal of World Business, 2010 (4).

[70] Kiewiet D. J, Vos J. F. J. Organisational Sustainability: a Case for Formulating a Taylor-Made Definition. Journal of Environmental Assessment Policy and Management, 2007 (1).

[71] Kleindorfer, P. R. Sustainable Operations Management. Production and Operations Management, 2005 (4).

[72] Kleindorferet. Sustainable Operations Management. Production and Operations Management, 2005 (4).

[73] Keating B, Quazi A, Kriz A, et al. In Pursuit of a Sustainable Supply Chain: Insights From Westpac Banking Corporation. Insight Fromindustry, 2008 (3).

[74] KPMG International Cooperative. KPMG International Survey of Corporate Responsibility, Reporting 2013, https: //home. kpmg. com/xx/en/ home/insights/2013/12/kpmg-survey-corporate-responsibility-reporting-2013. html.

[75] KPMG International Cooperative. KPMG International Survey of Corporate Responsibility Reporting, 2011.

[76] KPMG International Survey of Corporate Responsibility Reporting, 2008, University of Amsterdam, Amsterdam.

[77] Kwik S. S. Sustainable Supply Chain for Collaborative Manufacturing. Journal of Manufacturing Technology Management, 2011 (8).

[78] Lee E, Preston, Douglas P. O. Bannon. The Corporate Social-Financial Performance Relationship: A Typology and Analysis. Business and Society, 1997 (4).

[79] Linton J. D. Sustainable Supply Chains: An Introduction. Journal of Operations Management, 2007 (6).

[80] Lambert D. M, Croxton K. L, Garcia-Dastugue S. J, et al. Supply Chain Management Processes Partnerships Performance. Hartley Press Inc. , 2006 (2).

[81] Mentzer J. T, DeWitt W, Keebler J. S, et al. Defining Supply Chain Meng X. Maturity Model for Supply Chain Relationships in Construction. Journal of Management in Engineering, 2011 (2).

[82] Mentzer J. T, DeWitt W, Keebler J. S, et al. Defining Supply Chain Myers D. A Review of Construction Companies'Attitudes to Sustainability. Construction Management and Economics, 2005 (8).

[83] Murphy P. R, Poist R. F, Braunschweig C. D. Management of Environmental Issues in Logistics: Current Status and Future Potential. Transportation Journal, 1994 (1).

[84] Mentzer J. T, DeWitt W, Keebler J. S, et al. Defining Supply Chain Management. Journal of Business Logistics, 2001 (2), pp. 1-25.

[85] Nidumolu R, Prahalad C. K, Rangaswami M. R. Why Sustainability is Now the Key Driver of Innovation. Harvard Business Review, 2009.

[86] Pava Moses L, Krausz Joshua. Criteria for Evaluating the Legitimacy of Performance. Academy of Management Review, 1979 (4).

[87] Peukert J, Sahr K. Sustainability in the Chemical and Pharmaceutical Industry: Results of a Benchmark Analysis. Journal of Business Chemistry, 2010 (2).

[88] Pojasek. Understanding Sustainability: An Organizational Perspective. Environmental Quality Management, 2012 (3).

[89] Presley. A Strategic Sustainability Justification Methodology for Organisational Decisions: A Reverse Logistics Illustration. International Journal of Production Research, 2007 (18-19).

[90] Robins. The Challenge of TBL: A Responsibility to Whom. Business and Society Review, 2006 (11).

[91] Roberts S. Supply Chain Specific? Understanding the Patchy Success of Ethical Sourcing Initiatives. Journal of Business Ethics, 2003 (44).

[92] Rocha M. Integrating Sustainable Development into Existing Management Systems. Total Quality Management, 2007 (1-2).

[93] Ruud Kempener. Design and Analysis of Bioenergy Networks. Journal of Industrial Ecology, 2009 (2).

[94] Ronald K. Mitchell, Bradley R. Agle, Donna J. Wood. Toward a Theory of Stakeholder Identification and Salience: Defining the Principle of Whom and What Really Counts. Academy of Management Review, 1997 (4).

[95] Schaltegger S, Wagner M. Integrative Management of Sustainability

Performance, Measurement and Reporting. International Journal of Accounting, Auditing and Performance Evaluation, 2006 (1).

[96] Seuring Muller. From a Literature Review to a Conceptual Framework for Sustainable Supply Chain Management. Journal of Cleaner Production, 2008 (15).

[97] Shrivastava P. The Role of Corporations in Achieving Ecological Sustainability. Academy of Management Review, 1995 (4).

[98] Stefan Seuring, Martin Müller. Core issues in Sustainable Supply Chain Management-A Delphi Study. Business Strategy and the Environment, 2008 (8).

[99] Stefan Seuring, Martin Müller. Core Issues in Sustainable Supply Chain Management-A Delphi Study. Business Strategy and the Environment, 2007 (10).

[100] Thomas Wiedmann . Unravelling the Impacts of Supply Chains—A New Triple-Bottom-Line Accounting Approach and Software Tool. Environmental Management Accounting for Cleaner Production Volume 24 of the series Eco-Efficiency in Industry and Science, 2008.

[101] Vachon, S, Klassen, R. Extending Green Practices across the Supply Chain. International Journal of Operations & Production Management, 2006 (7).

[102] Vermeulen W. J. V. Sustainable Global Product Chains: Actors, Systems and Mechanisms at Three Levels, Paper for the 14th Annual International Sustainable Development Research Conference. India Habitat Center, New Delhi, 21-23 September.

[103] Valentina Carbone. Mapping Corporate Responsibility and Sustainable Supply Chains: An Exploratory Perspective. Business Strategy and the Environment, 2012 (12).

[104] WECD , Our Common Future or Brundtland Report, 1987.

[105] Wilson M. Corporate Sustainability: What is it and Where does it Come from. Ivey Business Journal, 2003 (4).

[106] Wirtenberg J. HR's Role in Building a Sustainable Enterprise: Insights from some of the World's Best Companies. Human Resource Planning,

2007 (1).

[107] Zhu Q, Sarkis J, Geng Y. Green Supply Chain Management in China: Pressures, Practices and Performance. International Journal of Operations and Production, 2005 (5).